U0941730

中等职业教育“十一五”规划教材

会计基础与技能

主　编　何素花
副主编　白彦婷　赵　英

机械工业出版社

本书以会计工作流程为主线，以会计基础为主要内容，将会计基本技能穿插其中，系统地介绍了会计岗位及会计相关岗位所需的基础知识和基本技能。书中展示了各行各业所涉及的最新版的单、证、票，增强了感性认识；同时，技能部分加入了具体的训练步骤，提高了可操作性。全书内容充实，体例新颖，少理论、多基础、重技能，融专业知识、专业技能、专业心理教育和情感教育于一身，突出实用、能用、够用的编写原则，紧密结合实际。

本书包括如下内容：认识会计、会计基本技能、原始凭证、会计科目与账户、借贷记账法、记账凭证、会计账簿和会计报表等。

本书可作为中等职业学校经济管理类专业教材，也可作为在职人员上岗培训或自学教材。

图书在版编目（CIP）数据

会计基础与技能/何素花主编．—北京：机械工业出版社，2008.7（2013.9 重印）
中等职业教育“十一五”规划教材
ISBN 978-7-111-24792-0

Ⅰ．会…　Ⅱ．何…　Ⅲ．会计学-专业学校-教材　Ⅳ．F230

中国版本图书馆 CIP 数据核字（2008）第 119018 号

机械工业出版社（北京市百万庄大街 22 号　邮政编码 100037）
责任编辑：徐永杰　　封面设计：陈　沛
责任印制：李　洋
三河市国英印刷有限公司印刷
2013 年 9 月第 1 版第 2 次印刷
184mm×260mm・12 印张・210 千字
4001—5500 册
标准书号：ISBN 978-7-111-24792-0
定价：26.00 元

凡购本书，如有缺页、倒页、脱页，由本社发行部调换

电话服务	网络服务
社服务中心：(010) 88361066	教材网：http://www.cmpedu.com
销售一部：(010) 68326294	机工官网：http://www.cmpbook.com
销售二部：(010) 88379649	机工官博：http://weibo.com/cmp1952
读者购书热线：(010) 88379203	**封面无防伪标均为盗版**

前 言

职业教育的指导思想是以就业为导向、以能力为本位、以知识为基础，培养具有一定专业知识、多种专业技能、适应多种岗位需求的技能型人才。目前，中等职业学校毕业生的就业渠道更加广泛，先就业、再择业已成为就业教育的一种理念。经济管理类（非会计）专业毕业生也会从事收银员、营业员、储蓄员等工作，也有学生担任出纳工作。因此，会计基本技能、会计基础知识等逐步成为就业的需要。

本书以《中华人民共和国会计法》、《支付结算办法》、《现金管理暂行条例》和新会计准则等为法律依据，充分考虑中等职业学校非会计专业学生的知识基础、心理特点和情感变化，紧密结合就业岗位和不同学制的需求。另外，希望通过专业学习和技能训练，达到塑造良好性格和培养综合素质的目的，为我国的职业教育输送知识扎实、技能过硬、素质良好、适应能力强并具有关键能力的职教人才。

本书的编写突出以下特色：

1）本书按照入门—技能—基础—附录（理论）的顺序，以会计工作流程（原始凭证—记账凭证—会计账簿—会计报表）为主线，以会计知识为主要内容，将会计基本技能穿插其中。既保证了知识的系统性、连续性和完整性，又突出实用性、针对性和实践性。

2）力求仿真，模拟实际，将目前经济活动中不同行业所使用的票据和案例移入教材，辐射面广，符合非会计专业学生就业面广的要求。本书突出技术能力和岗位能力培养，操作性强，缩短了课堂和实际的距离，增强了学生就业的实力。

3）充分考虑中等职业学校学生接受能力差和知识基础薄弱等特点，缩减会计基本理论，突出基础知识，强化基本技能。编写语言通俗易懂，并试图将枯燥的专业知识和专业语言借助通俗简洁的语言和亲切平和的语气娓娓道来，使专业语言通俗化，以提高学生的学习兴趣。

4）将项目教学理念融入专业教学中，主要表现为将教育目标分解为知识目标、能力目标和情感目标；在习题设计上，通过分组讨论和训练的形式，培养学生的团队意识，使学生学会学习、学会合作、学会探究，为走向社会做好知识、能力和情感准备。

5）根据教学内容设计了想一想、练一练、分组讨论、小提示、归纳总结、相关链接、小知识等形式。版面设计力求生动活泼，以引导学生思考、激发学生兴趣。

6）结合非会计专业学生的学习特点，我们编写了两本书：一册为会计基础与技能，着重会计基础知识和会计基本技能的介绍；另一册为会计基础与技能训练，着重知识和技能的巩固、强化与提高。通过两册的配套使用，更好地实现知识—示范—训练—提高的系统化。

本书由何素花担任主编，白彦婷和赵英担任副主编。具体分工为：第一章、第二章和第三章的第一、二节由何素花编写；第三章的第三、四、五节由赵英编写；第四章由王小环编写；第五章由许丽斌编写；第六章由边海宁编写；第七章由张好刚编写；第八章由白彦婷编写；附录由杨福青编写。李晓东为第三章第一、二节的编写提供了票样和票据的传递程序。全书由何素花统稿并进行了修改。

本书在编写过程中，参考和借鉴了相关的著作和资料，得到了会计界人士和银行工作者的大力支持，在此一并表示感谢。

由于时间仓促，编者水平有限，书中难免有不足之处，敬请读者提出宝贵意见，以便及时修改和完善。

编　者

目 录

第一章　认识会计

◎ **知识目标**

1. 理解会计的含义，熟悉企业经济活动的内容及会计与企业经济活动的关系。

2. 熟悉会计工作流程。

3. 了解从事会计职业的条件及会计工作的环境。

4. 了解会计职业道德的内容。

◎ **能力目标**

培养学生的自学能力。

◎ **情感目标**

兴趣是学习的最好老师，机会永远属于有准备的人。培养专业兴趣，特别是培养自己不感兴趣的项目，对每个人来说都是一种挑战，更是一种磨砺。了解会计、认识会计、学好会计、热爱会计，也许会使你有意外的收获。

1. 资料准备：装订好的记账凭证、订本式账簿各一本，会计报表一套。

2. 分组安排：7～8 人为一组（科室），实行组长（科长）负责制。

3. 课时安排：2 学时。

知识模块结构

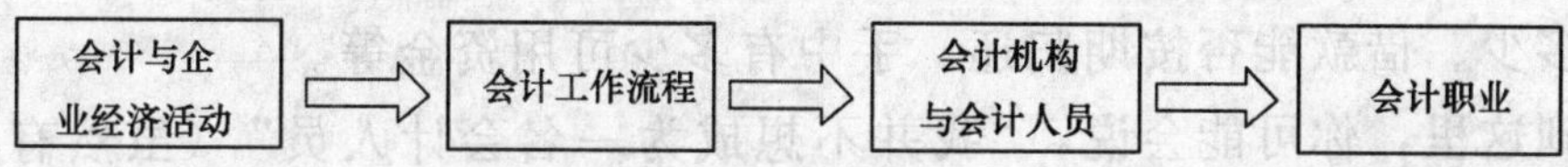

新学期开学了，同学们拿到了新课本，其中一本正是《会计基础与技能》。不知谁问了一句“会计是干什么的?”，同学们为此展开了热烈的讨论。张鹏说：“会计就是收钱的，昨天交学费时，是刘会计收的学费”；李明说：

“会计就是记账、算账的，我叔叔就是会计，我经常见他抱着账本、拿着算盘噼里啪啦地计算”；王恒说：“会计负责去银行取款、存款，还负责交税”；……教室里谈论得热闹极了。

想一想：什么是会计？

第一节　会计与企业经济活动

对于大多数学生而言，会计不是你们的专业，“我是学习物流管理的”、“我是学习市场营销的”、“我们为什么要学习这方面的内容？”……很多同学有着这样或那样的困惑。但我相信，通过下面的介绍和学习，你会发现，了解并学习一定的会计知识是非常必要，也是非常有意义的，也许你会喜欢上会计，那么就让我们一起走进会计的世界。

一、会计的含义

会计作为一门学科、一个专业，作为一种专业技术，对于很多非会计专业人员来说，既陌生又熟悉，感觉似曾相识又有点儿雾里看花。熟悉，是因为每个人都与会计打过交道，如开学交学费时会拿到会计开给的收据；陌生，是因为每个人眼里看到的是算盘、计算器、计算机等计算工具和单据、凭证、账本、报表等实物资料，而对这些业务如何处理，怎样和银行及有关部门打交道，资料中的数字是何意思，大多懵懵懂懂。

什么是会计？通俗地说，会计就是记账、算账和报账。记账就是把企业发生的各种经济业务，通过一定的记账方法，填入凭证，登入账簿；算账就是计算有关数据，以便确定一定时期内经济业务的发生及结果。例如，计算采购材料的成本、销售产品的收入、生产产品的成本、每年的利润和亏损；而报账就是向企业的外部信息使用者提供其所需的经济信息，如企业今年的利税是多少、借款能否按期归还、手中有多少可用资金等。

谈到这里，你可能会说，“我并不想成为一名会计人员”（虽然有些学生会）。许多学生曾经想过到公司做管理人员、人事部经理、营销人员、公司经理甚至老板，那么，你知道吗？会计不仅仅是单纯的记账、算账和报账，会计的存在还有着特殊的目的，这个目的就是帮助人们作出决策，如企业经理会根据会计报表上提供的信息对企业作出生产、营销、投资、筹资等方面的决策，这些决策的正确与否，直接关系到企业的生存与发展，而会计报表则是决策的重要依据。所以，会计不仅仅是记账、算账和报账，它还是企业内部管理信息系统中一个非常重要的部分。对于个人来说，为了自己的长远发展，是不是应该学习会计知识？

从以上的介绍中，可以归纳出会计的内涵：

1）会计是一种计量技术。会计使用的语言是数字和文字，而以数字为主，主要通过数字来计量、记录企业的经济活动。

2）会计是一个信息系统。会计计量、记录的结果即会计的信息，从原始凭证的填制到报表的报出，形成了一个信息系统，可向与企业有着利害关系的各方传输不同意义的信息。

3）会计是一种管理活动。会计是以货币为主要计量单位，对经济活动进行系统的计量、记录、分析和检查的经济活动。通过这些活动，可以了解企业的生产经营活动、资金运用、经营成果等情况，从而为企业管理提供必要的资料。

4）会计是决策的依据。企业领导以会计报表中的数据为依据，对企业的财务状况、经营成果进行分析和评价，从而为企业的经营管理作出决策。

二、企业的经济活动

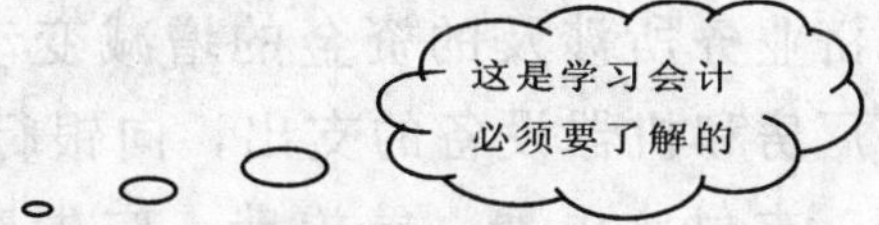

1. 企业是什么

企业是按照市场需求自主组织生产经营，以提高经济效益、劳动生产效率和实现资产保值、增值为目的的社会经济组织，如青岛海尔集团、三鹿乳业、可口可乐公司等，其根本性质是具有独立法人资格的单位，其根本任务是为社会提供合格的产品和服务。

2. 企业的经济活动（以工业企业为例）

企业的经营目标是通过一系列的经济活动来实现的。企业的经济活动主要有：

(1) 资金筹集：要创立一个企业，首先要进行市场调研、论证立项，同时要拥有一定的本钱，这是创业的资本，是开展生产经营活动的物质基础。通常，将获得资金的活动称为资金筹集。资金筹集的渠道主要有两条：①所有者的投资，如发行股票、发行债券等。②向银行借款。成立伊始，随之而来的还有其他经济活动，如到工商行政管理部门申请注册及领取营业执照，到公安局申请刻制公章，到税务局办理税务登记及购买经营所需的发票，到银行申请开户和购买支票等。

(2) 日常经营活动：筹集到资金以后，企业就可以开始正常的经营活动了。

工业企业日常的经营活动包括供应、生产、销售三个阶段。供应过程是

经营活动的第一个阶段，是生产过程的前提。在这个过程中，企业以货币资金在市场上购买生产所需的材料等劳动对象，为生产进行物质储备；生产过程是经营活动的中心环节，在这个环节，生产工人借助于厂房和机器设备对各种材料进行加工，改变其物质形态，所以，生产过程既是产品的形成过程，也是各种生产耗费发生的过程，如材料的消耗，厂房、机器的磨损，人工费用的发生等；销售过程是企业将自己生产的产品作为商品投放到市场，通过销售取得销售收入并实现利润的过程。企业将实现的利润以税金的形式上缴国家后，一部分用于归还银行本息，一部分按规定向所有者进行分配，同时还要购买原材料，以开始新一轮的经营活动。企业经营就是这样循环往复连续进行的，从而形成了企业的再生产。

三、会计与企业经济活动的关系

企业发生的经济活动与会计工作的内容有关，但并不意味着都是会计工作的对象。从资金的筹集到日常经营活动的开展，发生着很多经济业务，这些经济业务所涉及的资金的增减变动及结果，才是会计工作的内容。例如，购买厂房和机器设备的支出，向银行借款，归还银行本息，购买材料，支付工资，支付水电费、差旅费、广告费，计算利润，收回欠款，上缴税金等。这些通过会计来核算和监督企业经营活动和财务收支的具体事项，称为会计事项，又称经济业务。而签订购销合同、统计产量、人事工资调整、制定工作计划等则不属于会计工作的对象。

总之，企业离不开会计，会计在企业经济活动中发挥着重要的作用，无论将来作为专职会计还是管理人员，都应该对会计有初步的认识，甚至进一步的学习。而且，从各专业就业学生反馈的的情况来看，了解并学习一定的会计知识有助于拓宽就业渠道，提高就业能力。

第二节　会计工作流程

企业的经济活动复杂多变，会计核算的业务内容在各月也不尽相同，那么，会计人员应如何处理这些业务，处理过程中有无程序可循？

一、会计工作流程的含义

从经济业务发生、取得或填制原始凭证到根据会计凭证登记账簿直至编制出会计报表止的一系列会计处理程序就是会计工作流程。

会计工作流程明确了会计人员处理经济业务的程序和步骤。

二、会计工作流程的步骤和内容

在会计实务中，会计核算工作流程是指会计工作从开始到结束所经历的各个环节。具体的操作包括：

1）审核原始凭证。

2）根据原始凭证编制记账凭证或日记账。

3）将记账凭证或日记账过入各有关分类账中。

4）根据分类账的记录编制试算平衡表。

5）编制调整分录并予过入到相关分类账中。

6）编制结账分录，结清损益类账户。

7）编制会计报表。

第三节　会计机构与会计人员

为了保证会计工作的顺利进行，充分发挥会计的职能作用，一般来说，各企业、事业单位都根据需要设置会计机构，配备一定数量并具有较高业务素质的会计人员。

一、会计机构的设置

会计机构是由专职会计人员组成，直接从事和组织领导会计工作的职能部门。

1）根据《中华人民共和国会计法》（以下简称《会计法》）的要求，一切独立核算的单位，都应当单独设置会计机构。在规模较小、业务较少的单位，可以不单独设置会计机构，但必须配备专职会计人员。

2）在我国的实际工作中，大多数企业、事业单位将会计机构与财务机构合并设置，通常称为财会机构，统一办理企业的会计工作和财务工作。

3）大中型企业采用总会计师负责制，由总会计师主管本企业的财会工作，直接领导企业的财务会计机构。

4）会计机构的大小主要取决于企业规模的大小和业务的繁简。企业一般根据实际情况设置财务会计处、科、股，如图 1-1 所示。

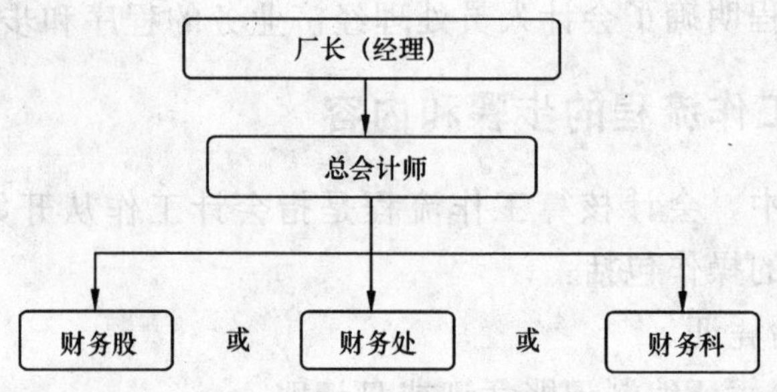

图 1-1　会计机构设置

5）会计机构各部门之间必须有合理的分工和协作。在较大的企业、事业单位，会计机构各部门还可以按照分工不同划分成专业小组，建立岗位责任制，以明确责权范围。

二、会计机构、会计人员的主要职责

为保证会计机构工作的正常开展和会计工作的圆满完成，使得会计机构和会计人员认真履行其岗位责任，必须赋予会计机构和会计人员一定的职责。会计机构和会计人员的主要职责有：

1）进行会计核算。

2）实行会计监督。

3）制定办理会计事务的具体办法。

4）参与制定经济计划、业务计划，考核分析预算、财务计划的执行情况。

5）办理其他会计事务。

三、会计机构、会计人员的主要权限

除明确会计机构、会计人员的岗位职责外，《会计法》还赋予会计机构、会计人员一定的权限。

1. 会计机构的主要权限

1）参与编制各项经营计划、定额，签订经济合同，参加经济管理会议，参与经济决策。

2）参与制定和执行财务计划，有权要求本企业各部门配合并认真执行，遵守和维护财经纪律。对违反财务计划的行为，有权拒绝执行。

3）如实记录企业经济活动，为管理者、投资者及利益相关人员提供真实可靠的会计信息资料。有权分析和考核财务计划的执行情况，提出改进措施和建议，以作为领导者经营决策的依据。

4）有权检查企业资产的利用情况，防止经济上的损失浪费和违法乱纪行为的发生，以保证企业资产的安全与完整。

2. 会计人员的主要权限

1）有权要求本单位有关部门、人员认真执行国家批准的计划和预算，遵守国家财经纪律和财务会计制度。如违反相关规定，会计人员有权拒绝付款、拒绝报销和拒绝执行，并向本单位领导报告。严重违法和损害国家、社会公众利益的收支，即使按单位领导人的书面决定予以办理的，仍应向主管单位或者财政、审计、税务机关报告。

2）有权参与编制本单位计划和预算、制定定额、签订经济合同等工作，并参与有关的生产、经营和管理会议。有权提出有关财务收支和经济效益等方面的问题和建议。

3）有权监督本单位有关部门的财务收支、资金使用和财产保管、收发、计量、检验等情况。

会计机构、会计人员按照《会计法》规定履行工作权限，在执法过程中应受到法律的保护。

四、会计人员的专业技术职务

为了提高广大会计人员的业务水平，充分调动其学习和钻研业务的积极性，将会计人员的专业技术职务分为高级会计师、会计师、助理会计师和会计员 4 种，不同层次的会计人员有不同的要求和任职条件。

查一查：你是否打算将来成为他们其中的一员？那就赶快查取有关的任职条件吧。

第四节 会计职业

通过前述介绍，你是不是已经对会计产生了兴趣？会计作为一项专业技术性很强的工作，除了要具备专业素质外，还应该具备良好的品德和其他职业能力。

一、会计职业在社会中的地位

职业对我们来说并不陌生，我们的家人可能正从事着不同的职业，他们可能是工人、医生、司机、教师等。那么，什么是职业呢？职业是人们在社会中所从事的作为主要生活来源的工作，通常又称为工作岗位。现在学习各

种专业知识，就是为将来从事相关职业进行知识的准备。

非会计专业的学生将来从事的职业多种多样，也许会有部分同学从事会计职业，成为会计部门的主管或单位的财务总监。从目前来看，从事会计工作的人员是一支极为庞大的队伍，他们在不同层次、不同岗位从事着不同的工作，通过自己的辛勤努力获得一定的社会地位。之所以有这样一支庞大的会计队伍，是因为任何企事业单位都离不开会计，而且《会计法》第三十六条明文规定："各单位应当根据会计业务的需要，设置会计机构或者在有关机构中设置会计人员并指定会计主管人员；不具备设置条件的，应当委托经批准设立的从事会计代理记账业务的中介机构代理记账。"因专业性强、就业人口多，会计与医生、律师已成为现代市场经济中的三大职业。

会计工作需要由专业人员担任，会计职业还是通向高层成功人士的起点和摇篮。全球百强企业中的首席执行官或总裁有 3/1 是会计专业出身，即使有的高层管理者不是会计专业，但企业管理要求其必须了解会计知识，否则，就无法了解企业财务状况和经营成果。因此，会计人员在企业中属于管理人员，是通过会计专业技术记录会计信息来参与企业管理的白领阶层。

二、会计职业准入

了解了会计职业在社会中的地位，是不是有点儿跃跃欲试？别急，学习了会计专业知识，还不能直接从事会计工作。我国《会计法》规定："凡是从事会计工作必须取得会计从业资格，持有会计从业资格证书"。这是从事会计职业的"准入证"。

相关链接

《会计从业资格管理办法》（节选）

第七条　会计从业资格考试科目为：财经法规与会计职业道德、会计基础、初级电算化（或者珠算五级）。会计从业资格考试大纲由财政部统一制定并公布。

第八条　申请人符合本办法第八条规定且具备国家教育行政主管部门认可的中专以上（含中专，下同）会计类专业学历（或学位）的，自毕业之日两年内（含两年），免试会计基础、初级电算化（或者珠算五级）。

查一查：如果想尽快拿到会计资格证书，拓宽自己的就业渠道，就赶快查询有关《会计从业资格管理办法》的更多内容吧。

三、会计职业道德

身为某企业、某组织的会计人员，除遵守《会计法》和会计准则等一系列法律、法规和制度外，还应该具备职业道德责任感。每个职业都有自己的职业道德，医生有医德即救死扶伤，教师有师德即教书育人，会计事关企业的兴衰成败，它也有自己的职业道德和行为规范。

会计职业道德是会计人员从事会计工作应当遵循的道德标准。它规定了会计人员在履行职责中应以什么样的思想、情操、态度和作风去处理业务，完成本职工作。《会计基础规范》专门对会计人员的职业道德作出了规定，主要包括以下几个方面：

（1）爱岗敬业：会计人员应当热爱会计岗位，安心本职工作，敬重会计职业，忠于职守，尽职尽责。

（2）熟悉法规：会计人员应当熟悉财经法律、法规和国家统一会计制度，并结合会计工作进行广泛宣传。

（3）依法办事：会计人员应当按照会计法律、法规、规章规定的程序和要求从事会计工作，保证所提供的会计信息合法、真实、准确、及时、完整。

（4）客观公正：会计人员办理会计事务应当实事求是、客观公正。

（5）搞好服务：会计人员应当熟悉本单位的生产经营和业务管理情况，运用所掌握的会计信息和会计方法，为改善单位的内部管理、提高经济效益服务。

（6）保守秘密：会计人员应当保守本单位的商业秘密，除法律规定和单位领导人同意外，不能私自向外界提供或泄漏本单位的会计信息。

在市场经济的大潮中，许多会计人员因为不注重职业道德的学习和修炼，无法抵制金钱的诱惑，利用工作便利贪污、做假账，给国家、企业造成了无法估量的损失，也毁灭了自己的前程。无数案例警示着我们，要成为一个优秀的会计人才，首先必须成为一个高尚的人。

本章小结

会计是一种管理活动，是通过记账、算账和报账来收集、提供财务信息的一种信息系统，会计信息是决策的依据；会计工作的内容是企业用货币表现的经济活动；会计工作流程是指在一个会计循环中，从开始到结束所经历的所有环节，包括凭证的填制、账簿的登记和报表的编制；而会计工作是会计人员在企业、事业单位设置的会计机构完成的，《会计法》赋予会计机构和会计人员一定的职责和权限；会计职业是一项技术性很强的工作，要求会计人员具有一定的专业能力，同时具备良好的职业道德。

案例分析

毕业后的第五年，某中等职业学校1998级企业管理班的学生相聚在一起。李林现在是某私企的老板，梁海涛在某公司担任主管会计，刘伟丽在会计事务所从事会计培训，而张燕在某商场担任收银员……谈起这几年的工作经历，大家百感交集。当初选择企业管理专业时，都意气风发，似乎厂长、经理、老总在向自己招手。可毕业后生存的现实不允许大家有太多的选择，根据自己的情况，同学们有了新的考虑。

思考：你认为他们所从事的工作与会计有关吗？哪位同学从事的是会计工作？

课外活动建议　请一位非会计专业毕业、现在在会计岗位或相关岗位工作的同学介绍一下他或她的从业经历。

知识拓展

赵智显．财会法规［M］．北京：中国财政经济出版社，2000.

第二章　会计基本技能

◎ **知识目标**

1. 了解会计数字的书写要求和书写规范。
2. 了解识别假币的知识。
3. 熟悉点钞的方法。

◎ **能力目标**

1. 掌握点钞技能和假币识别技能。
2. 掌握会计字书写技能。
3. 熟练应用计算器进行传票运算技能。

◎ **情感目标**

细节决定成败。会计是一项精细的工作，任何的疏忽和大意都可能给企业带来不可估量的损失。踏实稳健的工作作风和细心的工作态度，不仅有助于工作的顺利完成，而且能在潜移默化中塑造良好的性格，为将来的就业铺就一条成功之路。

1. 资料准备：原始票据；会计字比赛优秀作品若干；点钞券、各种币值的人民币、扎钞纸条；订本式传票、计算器。
2. 分组安排：7～8 人为一组（科室），实行组长（科长）负责制。
3. 课时安排：4 学时。

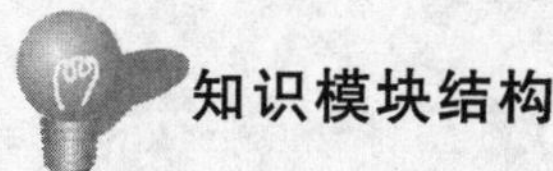

2005 级营销专业的李东在双环集团供销科实习。领导派他到上海出差，需要借款 2 500 元，李东填写的借款单如图 2-1 所示。出纳员认为数字书写不对，要求李东重新填写。

借　　款　　单

2007 年 7 月 5 日

<table>
<tr><td>借款单位</td><td colspan="3">供销科</td></tr>
<tr><td>借款理由</td><td colspan="3">上海采购</td></tr>
<tr><td colspan="3">借款金额（大写）贰千五百元</td><td>￥2500</td></tr>
<tr><td rowspan="2">单位负责人意见</td><td rowspan="2">会计主管核批</td><td colspan="2">借款人（签章）　李东</td></tr>
<tr><td colspan="2">付款记录：
年　月　日以　　号支票或现金支付凭单付给</td></tr>
</table>

图 2-1　借款单 1

想一想：仔细看看，李东填写的借款单存在什么问题？你能正确填写上面的借款单吗？

第一节　会计数字的书写技能

计算离不开数字，数字更是经济工作中表达经济信息的重要工具。会计数字的书写是会计人员的一项基本功，对于从事经济工作的其他人员来说也很重要。例如，营业员要给顾客开具发票、采购员出差需填写借款单等都要用到会计数字，案例导入中李东填写的借款单出现的问题，主要表现在数字的书写方面不符合会计规范与要求。

也许有人会说，数字谁不会写？数字人人都会写，而且从书法的角度看，有些同学的字体非常漂亮，但会计工作有它自己的特点，对数字有着特殊的要求。因此，练就既符合会计规范和标准，又充满着美感的会计数字书写能力并非易事。只有经过一定的专业训练，再加以不懈的坚持和努力，才可能达到规范化的要求。

一、会计数字书写的基本要求

经济工作中常用的数字有两种：一种是阿拉伯数字；一种是中文大写数字。通常将用阿拉伯数字表示的金额数字简称为“小写金额”，将用中文大写数字表示的金额数字简称为“大写金额”。阿拉伯数字与中文大写数字有着不同的规范要求，但基本要求是相同的。

（1）正确：这是记录经济业务时应当遵循的最基本要求。不但要正确反映业务内容，而且所用文字和数字的书写更要正确。

(2) 规范：记录经济业务要依据财政部制定的《会计基础工作规范》要求，文字以国家公布的简化汉字为标准，不得滥造简化字。

(3) 清晰：业务内容要条理分明。书写时举笔坚定、字迹清楚、独立有形，不可模糊不清、令人猜疑。

(4) 整洁：票据、账表等资料书写清洁、整齐，排列有序，书写工整，不潦草，大小均匀一致。

(5) 美观：书写时布局合理、笔画流畅、字体饱满、匀称大方，给人以美的享受，充分显示出书写功力。

二、阿拉伯数字的书写

阿拉伯数字也称公用数字，是世界各国的通用数字。

> 小知识
>
> **阿拉伯数字是阿拉伯人创造的吗?**
>
> 阿拉伯数字原为印度人创造，公元8世纪传入阿拉伯，后来又从阿拉伯传入欧洲，始称“阿拉伯数字”。

(一) 书写示范

在世界各国的会计记录中，通常采用的数字是阿拉伯数字。阿拉伯数字书写规范是指要符合手写体的规范要求。

(二) 书写规则

在有金额分位格的账表凭证中，阿拉伯数字的书写要求为：

1) 书写数字时应由高位到低位，从左到右，逐个认真书写，不得连笔书写，不可潦草，不能模棱两可，分辨不清。

2) 账表凭证上书写的阿拉伯数字应使用斜体，起笔位置沿横格底线向右倾斜，斜度约为60°。

> 关键词
> 由高到低，由左到右
> 斜度60°
> 数字高度占1/2或1/3
> 形体一致，距离相等
> 个别数字书写要注意

3) 数字高度约占账表凭证金额分位格的1/2或1/3，不可顶格写，做到既美观又便于改错。

4) 书写时形体一致，距离相等。书写“6”字时向右上方长出1/4，书写“7”和“9”时要向底下方长出1/4，其他数字要靠底线书写，不要悬空。

5) “0”要写成椭圆形，起笔时要由右上角沿逆时针方向划出，既不要写得太小，也不要开口，以防将“0”改为“3”；不要留尾巴，以防将“0”改为“6”、“8”或“9”。

6）“1”的下端应紧靠分位格的左下角。

7）“4”的顶部不封口。写“∠”时应上抵中线，下至下半格的1/4处，并注意中竖为关键的一笔，斜度应为60°，否则“4”就写成正体了。

8）“8”的上边要稍小，下边要稍大，起笔应写成斜“S”型，终笔和起笔交接处应成棱角，以防将“3”改成“8”。

9）从最高位起，后面各分位数字必须写完整。例如，人民币叁万伍仟贰佰壹拾捌元，应写成人民币35 218.00。

10）要保持个人的独特字体和书写特色，以防被别人模仿或涂改。书写时，除“4”和“5”外，其他数字必须一笔写成，不能人为增加数字的笔画。

书写技巧提示

1）书写阿拉伯数字时，要压住底线书写，字要小。

2）书写时使用黑色或深色墨水的钢笔或水笔，这样写出的数字有视觉的美感。

3）注意数字的起笔位置，因为它决定了整个字体的大小和方向。

4）注意每个数字的倾斜度和数字之间的倾斜度，特别是“1”、“4”、“7”、“9”中的竖笔，只有保持平行，才能产生整体的倾斜效果。

练一练：

1）根据前面所学知识，判断数字35 200.00的写法是否正确？

亿	千	百	十	万	千	百	十	元	角	分
				3	5	2				

2）在会计字专用纸上书写一张阿拉伯数字，并请老师讲评。

（三）人民币符号“¥”的使用

在填写票证时，小写金额合计前应书写人民币符号“¥”。符号“¥”是人民币基本单位元的汉语拼音“YUAN”的缩写，符号“¥”既代表了人民币制，又代表了人民币“元”的单位。所以，小写金额前填写了符号“¥”以后，金额数字之后就不必再写人民币单位“元”了。例如，¥5 218.09，即为人民币伍仟贰佰壹拾捌元零玖分。

人民币符号“¥”的使用提示

1）书写小写金额数字时，人民币符号“¥”与数字之间不得留有空位，以防金额数字被人添加、涂改。

2）草写人民币符号“¥”时，注意不要与“7”或“9”相混淆。

3）人民币符号“¥”主要应用于填写票证（发票、支票和存单等）。在登记账簿、编制报表时，一般不能使用符号“¥”。因为在账簿、报表上使用符号“¥”，会增加错误的可能性。

想一想：如果你开发票时小写金额栏填写为¥　28 911.05，可能会有什么后果呢？

三、中文大写数字的书写

（一）书写规则

1. 用正楷字体或行书字体书写

为了区分日常写法和会计字写法的不同，将二者进行比较，见表2-1。

表2-1　会计字体与日常字体的比较

字体		具体写法
会计字体	正楷字体	壹、贰、叁、肆、伍、陆、柒、捌、玖、拾、佰、仟、万、亿、圆、角、分、零、整
	行书字体	壹、贰、叁、肆、伍、陆、柒、捌、玖、拾、佰、仟、万、亿、圆、角、分、零、正
日常字体		一、二、三、四、五、六、七、八、九、十、百、千、万、亿、元、角、分、廿、两、毛、另（或0）、园

中文大写金额数字，主要用于发票、支票、汇票和存单等各种重要凭证的书写。除严格按照会计字要求书写外，不得任意自造简化字。

2. “整”（正）字的用法

1）中文大写金额数字到“元”为止的，应在“元”字后面写上“整”字或者“正”字。

2）大写金额数字到“角”为止的，“角”字后面可以写“整”字或者“正”字，也可以不写。

3）大写金额数字到“分”的，“分”字后面不写“整”字或者“正”字。

例如：¥1 200.00，中文大写金额应为人民币壹仟贰佰元整。

¥1 200.50，中文大写金额应为人民币壹仟贰佰元伍角整或人民币壹仟贰佰元伍角。

¥1 200.58，中文大写金额应为人民币壹仟贰佰元伍角捌分。

3. 有关“零”的写法

如果小写金额数字中有“0”，大写金额数字如何书写，要看“0”所在的位置，见表 2-2。

表 2-2 “0”的大小写转换写法

大小写金额数字转换示例		归纳与说明
小写金额数字	大写金额数字	
¥6.80	人民币陆元捌角整	小写金额数字尾部有“0”的，不管有一个还是连续几个，大写金额数字都不需写“零”字
¥100.00	人民币壹佰元整	
¥2 016.48	人民币贰仟零壹拾陆元肆角捌分	小写金额数字中间只有一个“0”的，大写金额数字应该写一个“零”字
¥3 009.18	人民币叁仟零玖元壹角捌分	小写金额数字中间连续有几个“0”的，大写金额数字只写一个“零”字
¥1 560.30	人民币壹仟伍佰陆拾元零叁角整或人民币壹仟伍佰陆拾元叁角整	小写金额数字元位是“0”或者数字中间至元位均为“0”的，大写时可以只写一个“零”字
¥1 000.39	人民币壹仟元零叁角玖分或人民币壹仟元叁角玖分	
¥125.09	人民币壹佰贰拾伍元零玖分	小写金额数字角位是“0”而分位不是“0”，大写金额“元”字后必须写“零”字

4. 数位字前必须有数量字

大写金额“拾”、“佰”、“仟”、“万”等数位字前必须有数量字“壹”、“贰”、“叁”……“玖”等，不可省略。特别是壹拾几的“壹”字，由于人们习惯把“壹拾零几”、“壹拾几万”说成“拾几”、“拾几万”，所以，在书写大写金额数字时很容易将“壹”字漏掉。如果书写不规范，“人民币”与金额数字之间留有空位，就很容易被改成“人民币叁（肆、伍……）拾万元”等，后果不堪设想。

“壹”字用法提示

1）票据中出票日期需大写时，日为拾壹至拾玖的，应在其前面加“壹”字。

例如：1 月 15 日，中文大写金额应写为零壹月壹拾伍日。

2 月 11 日，中文大写金额应写为零贰月壹拾壹日。

2）小写金额数字为“拾几”、“拾几万”的，书写大写数字时应加“壹”字。

例如：¥150 000.00，中文大写金额应写为人民币壹拾伍万元整。

¥19.00，中文大写金额应写为人民币壹拾玖元整。

¥123 111.00，中文大写金额应写为人民币壹拾贰万叁仟壹佰壹拾壹元整。

练一练：将小写金额数字¥165 902.00 转换为大写金额数字。

5.“人民币”与数字之间不得留有空位

有固定格式的重要凭证，大写金额栏一般都印有“人民币”字样。书写时，金额数字应紧接在“人民币”后面，在“人民币”与大写金额数字之间不得留有空位。大写金额栏没有印“人民币”字样的，应在大写金额数字前填写“人民币”三字。

(二) 中文大写金额数字写法解析

会计人员在处理会计事项、书写大小写金额时，必须做到大小写金额完全匹配。书写大写金额时易出现的问题及解析，见表 2-3。

表 2-3　中文大写金额数字写法解析

小写金额	大写金额		
	正确写法	错误写法	错误原因
¥900.00	人民币玖佰元整	人民币玖佰元	少写了“整”字
¥15 003.00	人民币壹万伍仟零叁元整	人民币壹万伍仟另叁元整	将“零”错写成“另”字
¥18.03	人民币壹拾捌元零叁分	人民币拾捌元叁分	漏写“壹”和“零”字
¥3 150.20	人民币叁仟壹佰伍拾元贰角整	人民币叁仟壹佰伍拾元贰角零分	多写了“零”字和“分”字
¥3 150.20	人民币叁仟壹佰伍拾元贰角整	人民币叁仟壹佰伍拾零元贰角	“零”字用法不对
¥3 150.20	人民币叁仟壹佰伍拾元贰角整	人民币　叁仟壹佰伍拾元贰角整	“人民币”与第一个大写数字之间空位过大
¥900.00	人民币玖佰元整	人民币：玖佰元整	“人民币”后面多一个冒号
¥60 036 000.00	人民币陆仟零叁万陆仟元整	人民币陆仟万零叁万陆仟元整	多写一个“万”字
¥35 000.96	人民币叁万伍仟元零玖角陆分	人民币叁万伍仟零玖角陆分	漏写一个“元”字

通过前面的介绍，案例导入中借款单的正确填写方法如图 2-2 所示。

借 款 单

2007 年 7 月 5 日

借款单位	供销科	
借款理由	去上海采购	
借款金额（大写）贰仟伍佰元整	现金付讫	¥2 500.00
单位负责人意见 张平	会计主管核批 王和丽	借款人（签章）　李东 付款记录： 2007 年 7 月 5 日以　　号支票或现金支付凭单付给

图 2-2　借款单 2

第二节　点钞与假钞的识别技能

点钞又称票币整点，是市场经济中一种应用普遍的专业技能，也是从事财会、金融、商品经营等工作必须掌握的一项基本技能，如收银员、银行储蓄员、出纳员、售货员等每天都要和钞票打交道。因此，学习点钞方法、掌握假钞的识别技巧，对于提高工作效率，避免给企业造成损失是非常必要的。

> 小知识
>
> **钞票的由来**
>
> 古代，人们进行集市交易使用的主要货币单位是银两和铜钱。但是，在进行大额交易时，携带这些货币非常不方便，于是产生了由当铺、票号和商号发放的取银凭证（银票）和由官府发放的取银凭证（宝钞）。限于当时的历史条件，银票和宝钞都没有得到广泛流通。咸丰八年（公元 1858 年），为了镇压太平天国运动，清政府开始大量发行银票和宝钞，银票和宝钞开始流通起来。老百姓出行购物需带两种纸币，为了便于称呼，就把这两种纸币合称为“钞票”了。

一、点钞的要求与程序

（一）点钞的基本要求

为了提高点钞的技术水平，掌握过硬的点钞本领，应遵循以下基本要求。

（1）坐姿端正，精力集中：全身肌肉放松，双肘自然放在桌面上，持票的左手手腕接触桌面，右手手腕抬起；全神贯注，集中注意力。

（2）清理平直，钞券墩齐：将对折角、弯折、揉搓过的钞券理直、抹平，明显破裂、质软的票子要先挑出来。清理好后，将钞券在桌面上墩齐。

(3) 持钞规范，动作连贯：各个环节紧张协调，环环扣紧；各个动作连贯、不间断，即每组动作之间，尽量缩短或不留空隙时间，切忌忽快忽慢、忽多忽少；另外，尽量减少不必要的小动作、假动作。

(4) 点数和谐，报数准确：点数配合、协调一致，是点准的前提条件之一。

(5) 捆扎牢固，章印清晰：钞票捆扎尽量牢固，以不散把、抽不出票为准；章印清晰可见，责任明确。

(二) 点钞程序

点钞是一个从拆把开始到扎把为止这样一个连续、完整的过程。它一般包括如下几个环节，如图 2-3 所示。

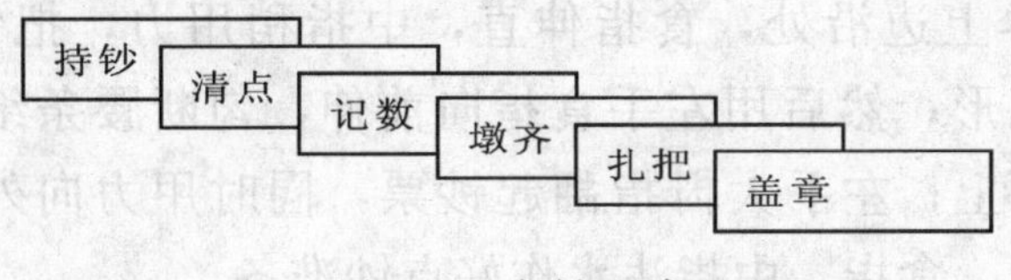

图 2-3　点钞程序

1. 持钞

成把清点时，首先需拆下腰条纸。拆把时可将腰条纸脱去，保持其原状，也可将腰条纸用手指勾断。通常，初点时采用脱去腰条纸的方法，以便复点时发现差错进行查找；复点时一般将腰条纸勾断。

拆把的方法有以下两种：

1) 拆把时左手拇指在钞券正面的左端，约在票面的 1/4 处，食指和中指在钞券背面与拇指一起捏住钞券，无名指和小指自然弯曲；捏起钞券后，无名指和小指伸向票前压住钞券的左下方，中指弯曲稍用力，与无名指和小指夹住钞券；食指伸直，拇指向上移动至按住钞券的侧面将钞券压成瓦形，并使左手手心向下，然后用右手脱去钞券上的腰条纸。同时，左手将钞券往桌面上轻轻一擦，拇指借用桌面的擦力将钞券向上翻呈瓦形票面。右手的拇指、食指、中指沾水作点钞准备，如图 2-4～图 2-6所示。

图 2-4　横立持钞

从上面可以看出，这种拆把方法不撕断腰条纸，便于保留原腰条纸以查看图章，通常用于初点现金。

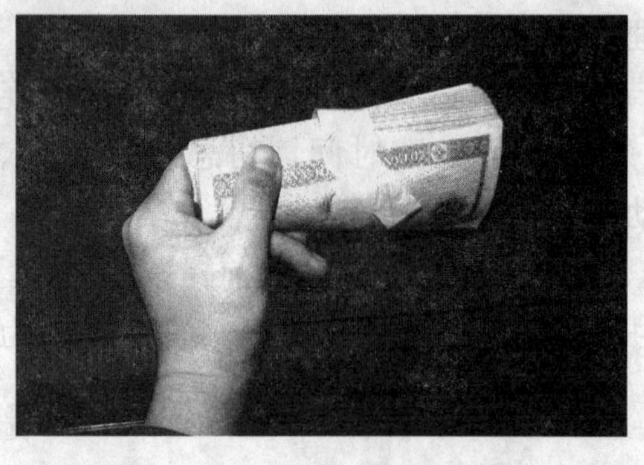

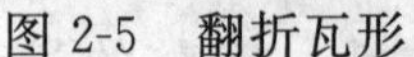
图 2-5　翻折瓦形

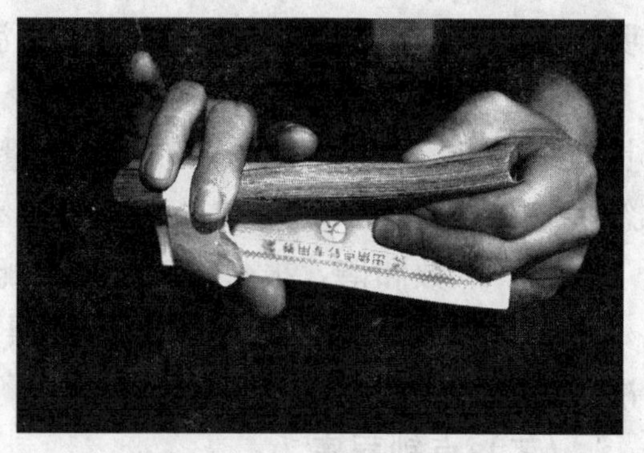

图 2-6　脱腰条纸

2）钞券横执，正面朝向身体；用左手的中指和无名指夹住票面的左上角，拇指按住钞券上边沿处，食指伸直，中指稍用力，把钞券放在桌面上，并使左端翘起成瓦形；然后用左手食指向前伸，勾断腰条纸并抬起食指使腰条纸自然落在桌面上；左手大拇指翻起钞票，同时用力向外推，使钞券成微形扇面。右手拇指、食指、中指沾水作好点钞准备。

这种方法的特点是左右手可同时操作，拆把速度快，但腰条纸勾断后不能再使用，通常用于复点现金。

持钞速度的快慢、姿势是否正确，也会影响点钞速度。因此，要注意每一种点钞方法的持钞姿势。

2. 清点

清点是点钞的关键环节。在清点过程中，除按照点钞方法清点外，还需将损伤钞券按规定标准剔出，以保持流通中票面的整洁。如果该把钞券中夹杂着其他版面的钞券，也应将其挑出。

在点钞过程中如发现差错，应将差错情况记录在原腰条纸上，并把原腰条纸放在钞券上面一起扎把，不得将其扔掉，以便事后查明原因，另作处理。

清点的速度和准确率直接关系到点钞的准确与速度。因此，只有勤学苦练清点基本功，才能做到清点又快又准。

3. 记数

记数也是点钞的基本环节，与清点相辅相成。在清点准确的基础上，必须做到记数准确。记数通常采用分组法。单指单张以十为一组记数，多指多张以清点的张数为一组记数，使点和数的速度能基本吻合。记数时要默记，尽量避免发出声来。

4. 墩齐

钞券清点完毕扎把前，先要将钞券墩齐，以便扎把后能保持钞券外观整齐美观。钞券墩齐后要呈现四条边水平，不露头或不呈梯形错开，卷角应拉平。墩时，双手松拢，先将钞券竖起来，然后将钞券横立并将其捏成瓦形在桌面上墩齐。

5. 扎把

每把钞券清点完毕后，要扎好腰条纸。腰条纸要求扎在钞券的 1/2 处，左右偏差不得超过 2ft。同时，要求扎紧，以提起第一张钞券不被抽出为准。

扎把方法比较常用的是缠绕式。缠绕式扎把法是将钞票墩齐、横立，左手拇指在钞票前，中指、无名指和小拇指在钞票背后，五指配合向身体方向用力，使钞票向内弯曲，弯度不要过大。左手食指在上侧把钞票分一条缝，右手将腰条纸插入票面 1/2 或 1/4 处缝内。抽出左手食指并移至背面，拇指捏住纸条下压，使钞票成弧形。右手将纸条由外向里（怀里）缠绕两圈，再折 45°，用拇指将尾端插入圈内，最后将钞票按平即可，如图 2-7～图 2-12 所示。

图 2-7　横立持钞

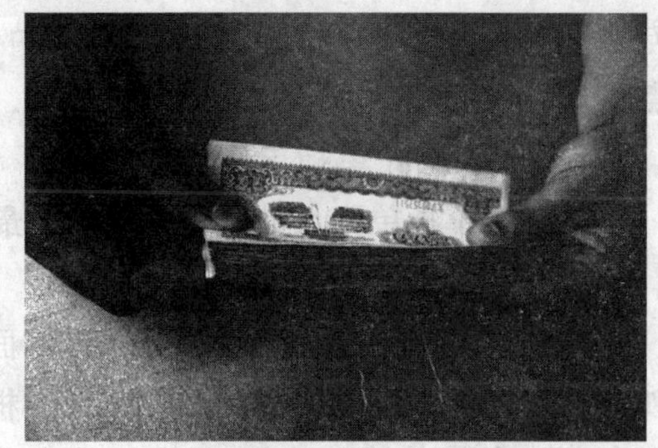

图 2-8　折成瓦形

图 2-9　插入纸条

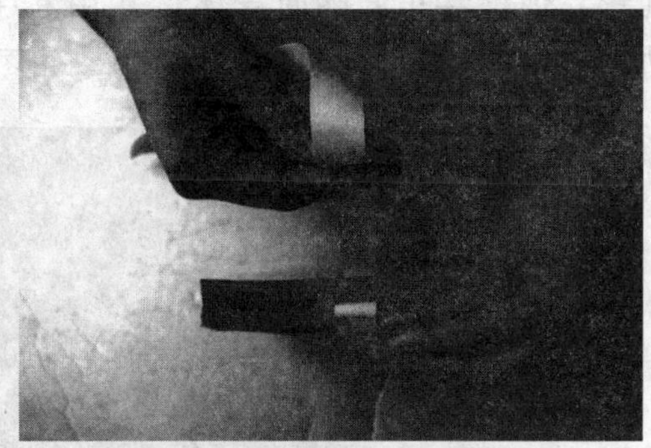

图 2-10　捆扎缠绕

6. 盖章

盖章是点钞过程的最后一环，在腰条纸上加盖点钞员名章，表示对此把钞券的质量、数量负责。所以，每个出纳员点钞后均要盖章，而且图章要盖得清晰，以看得清行号、姓名为准。

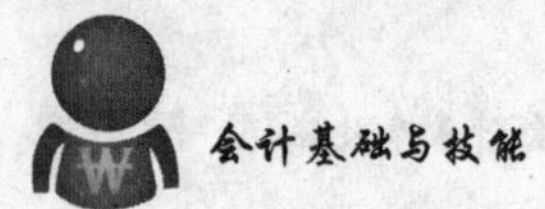

图 2-11　折入尾端

图 2-12　折平摆放

二、点钞的方法

点钞的方法有手工点钞和机器点钞两种。目前，一般企事业单位是两种方法同时使用，以达到互相印证的目的。这里介绍几种常用的手持式（竖点）点钞法和手按式（横点）点钞法。

（一）手持式单指单张点钞法

手持式单指单张点钞法是最基本、最常用的一种点钞方法。其具体操作如下：

1. 拆把持钞

坐姿端正，钞券横执，钞券的正面朝向身体。用左手中指和无名指夹住钞券的左端中间，钞票左端紧靠手指根部。右手食指和中指在钞票背面，中指弯曲，食指伸直；左手拇指、无名指和小指放在钞券正面，无名指和小指自然弯曲。左手拇指在钞票上边沿约占票面的 1/3 处用力将钞券向上翻起呈瓦形，使钞券正面朝向身体，并用右手拇指捏住钞票右侧边缘向外推，食指协助拇指使钞票打开呈微扇形状，如图 2-13 和图 2-14 所示。

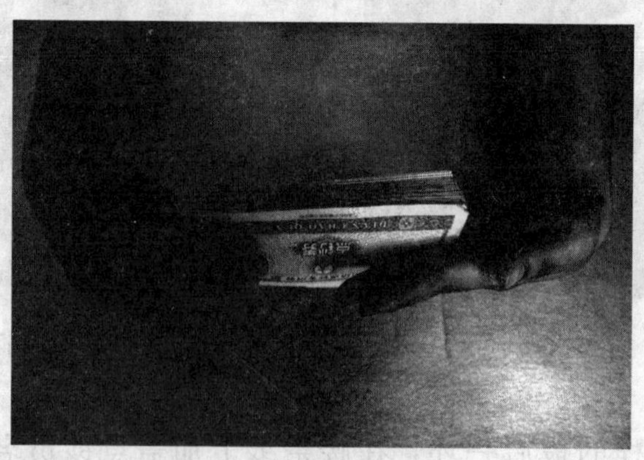
图 2-13　持钞

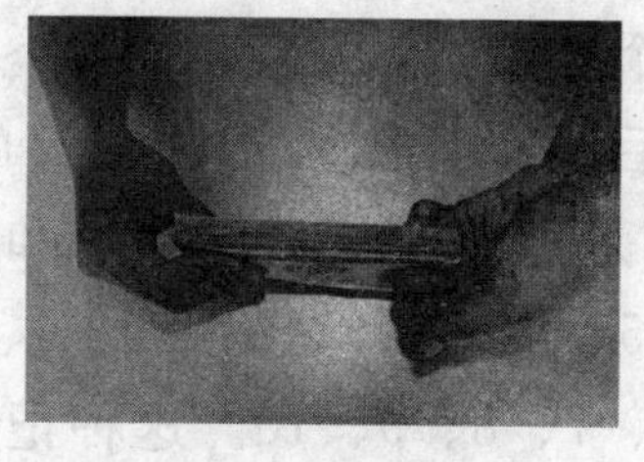

a)

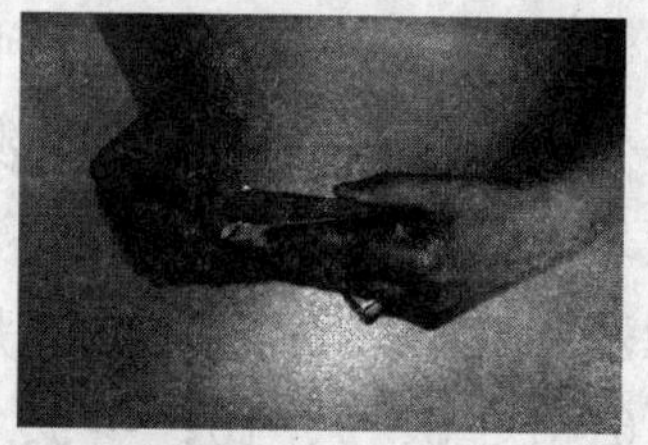

b)

图 2-14　捻打扇面

2. 清点

拆把后，左手持钞稍斜，正面对胸前，右手捻钞。捻钞从右上角开始，用右手拇指尖向右下方捻动钞票的右上角，食指在钞票背面托住少量钞票配合拇指工作，随着钞票的捻动要向前移动，并及时托住另一部分票子；无名指将捻下来的钞票向内弹，每捻一张弹一次，注意轻点快弹；中指翘起不要触及票面，以免妨碍无名指的动作。同时，当右手将钞券下捻时，左手拇指也要随之向后移动，并用指尖向外推动钞券，以便捻钞时下钞均匀。在这一环节中，要注意右手拇指捻钞时主要负责将钞券捻开，下钞时要靠无名指弹拨，如图 2-15 所示。

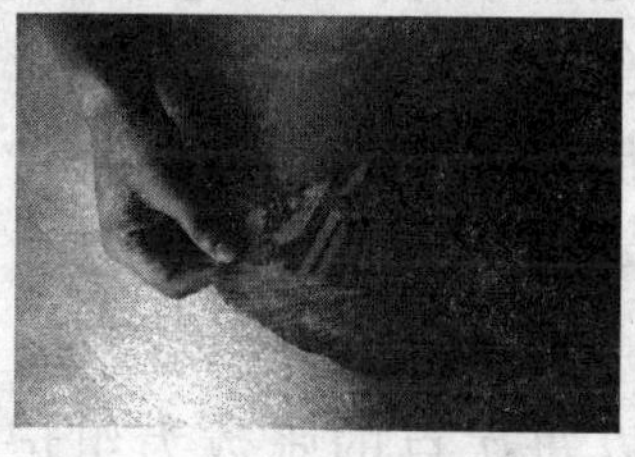

a)

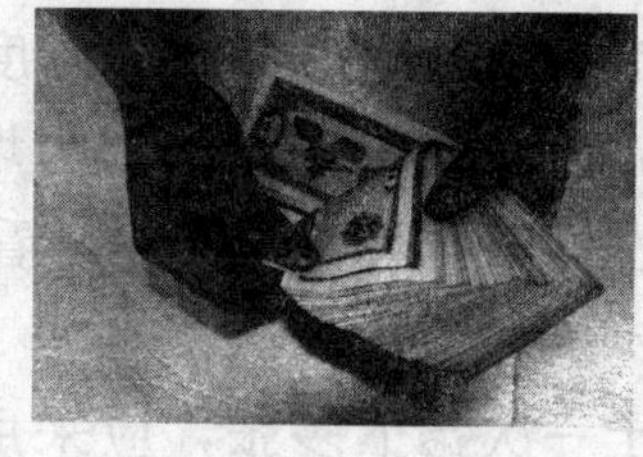

b)

图 2-15　清点

3. 挑残破券

在清点过程中，如发现残破券应按剔除标准将其挑出。为了不影响点钞速度，点钞时不要急于抽出残破券，只需用右手中指、无名指夹住残破券先将其向外折，待点完 100 张后将残破券换成完整券即可。

4. 记数

在清点钞券的同时要记数。由于单指单张每次只捻一张钞券，记数也必须一张一张记，直至记到 100 张。从“1”到“100”的数中，绝大多数是两位数，记数速度往往跟不上捻钞速度。所以，必须巧记，分组计数法是常用的记数方法。

分组记数法有两种：一种是 1、2、3、4、5、6、7、8、9、1（10）；1、2、3、4、5、6、7、8、9、2（20）；…1、2、3、4、5、6、7、8、9、10

(100)，这样正好 100 张。这种方法是把 100 个数编成 10 个组，每个组都由 10 个一位数组成，前面 9 个数表示张数，最后一个数既表示这一组的第 10 张，又表示这个组的组序号码。该方法的特点是点数时记数的频率和捻钞的速度能基本吻合。另一种方法是 0、2、3、4、5、6、7、8、9、10；1、2、3、4、5、6、7、8、9、10；…9、2、3、4、5、6、7、8、9、10。这种记数方法的原则与前种记数方法相同，不同的是把组的号码放在每组数的前面。这两种记数方法既简捷迅速又省力好记，有利于准确记数。记数时要注意不要用嘴念出声来，要用心记，做到心、眼、手三者密切配合。

(二) 手持式单指多张点钞法

手持式单指多张点钞法是在手持式单指单张的基础上发展起来的。这种点钞法的操作方法除了清点和记数外，其他均与手持式单指单张点钞方法相同。

1. 清点

清点时右手拇指肚放在钞券的右上角，拇指尖略超过票面。若点双张，先用拇指肚捻下第一张，拇指尖捻下第二张；若点三张及三张以上时，同样先用拇指肚捻下第一张，然后依次捻下后面一张，用拇指尖捻下最后一张。要注意拇指均衡用力，捻的幅度也不要太大，食指、中指在钞券后面配合拇指捻动，无名指向怀里弹。为增大审视面，并保证左手切数准确，点数时眼睛要从左侧向右看，这样容易看清张数和残破券、假币。

2. 记数

由于一次捻下多张，应采用分组记数法，以每次点的张数为组记数。若点三张，即以三张为组记数，每捻三张记一个数，33 组余一张就是 100 张；又若点 5 张，即以 5 张为组记数，每捻 5 张记一个数，20 组就是 100 张，依此类推。

> 小知识
>
> **点钞技巧提示**
>
> 1）拇指不要抬得过高，捻动幅度要小。
>
> 2）无名指配合拇指快速弹拨。
>
> 3）捻钞速度和记数速度要一致。
>
> 4）记数时不要出声，精力要集中。
>
> 5）点和数和谐一致。

(三) 手按式点钞法

手按式点钞法是将钞券按放在桌面上进行清点的点钞方法。这里只介绍手按式单指单张点钞法，其步骤包括以下几步。

1. 拆把按钞

将钞券平放在桌面上，一般在点钞员正胸前。左手小指、无名指、中指指尖微弯，按住钞券左上角，约占票面 1/3 处；手心朝下，食指伸向腰条纸并将其勾断，右手拇指、食指和中指微屈做好点钞准备，如图 2-16 所示。

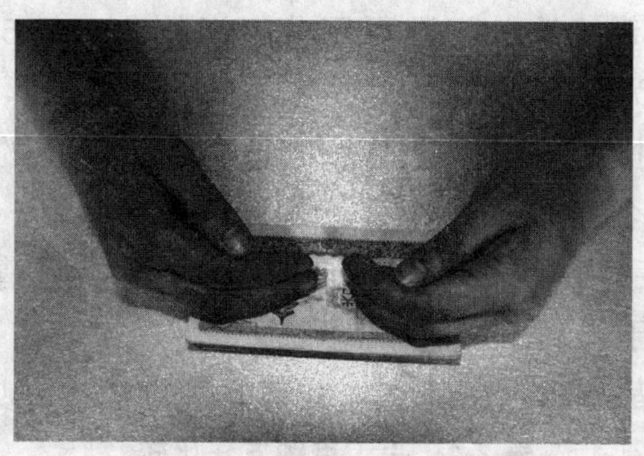

图 2-16 拆把按钞

2. 清点

右手拇指托起右下角的部分钞券，用右手食指捻动钞券，其余手指自然弯曲。右手食指每捻起一张，左手拇指便将钞券推送到左手食指与中指间夹住，这样就完成了一次点钞动作，以后依次连续操作，如图 2-17 所示。

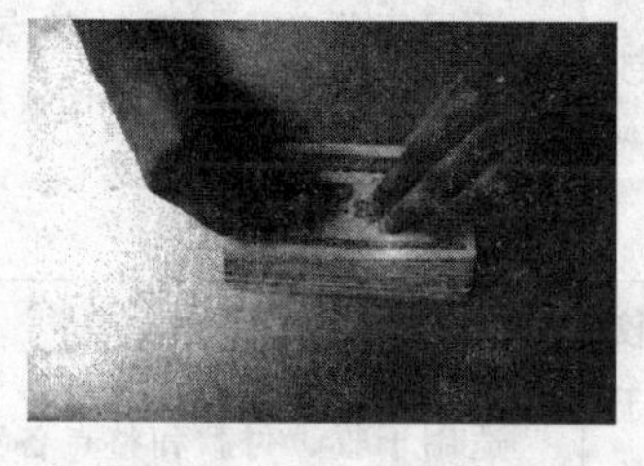

a)

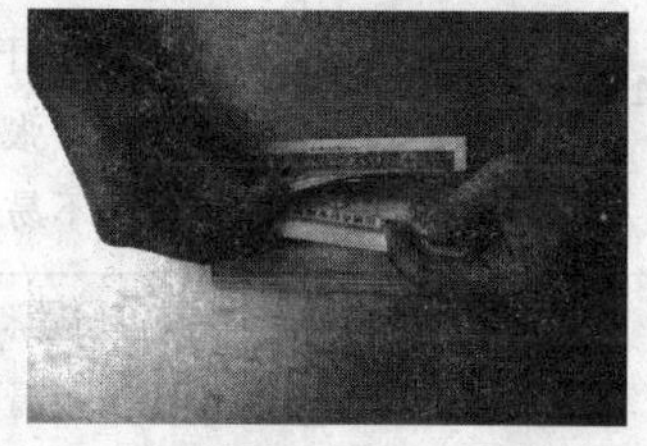

b)

图 2-17 清点

用这种方法清点时，应注意右手拇指托起的钞券不要太多，否则会使食指捻动困难；但也不宜太少，太少会增加拇指活动次数，从而影响清点速度。一般一次以 20 张左右为宜。

3. 记数

记数可采用双数记数法，数至 50 组即 100 张，也可采用分组记数法，以 10 张为一组记数。记数方法与手持式单指单张基本相同。该操作方法存在一定的不足，即左右手的拇指、中指、食指在清点过程中，每捻起一张都需要动作，不仅影响速度，而且钞券容易滑动以致松散，不易清点，手指也很累。

为改进这一操作方法，目前还采用另外一种操作方法，即左手按票方式与前一种方法相同，右手自然摆放在桌面上，手腕微抬起，右手的小指、无名指按在右上角，小指压紧钞券，无名指稍松，中指微弯曲。清点时，右手拇指托起部分钞券，食指每捻起一张即由左手拇指切数并用拇指和食指夹住；捻数张后，左手拇指即将钞券推送到食指和中指之间夹住，一般捻起 5 张或 10 张后左手拇指便推动一次。记数可用分组记数法，每 5 张或 10 张为一组，记满 20 组或 10 组即为 100 张。

用这种形式进行操作，减少了左手中指和食指动作的次数，手指不易累或酸；右手小指和无名指按住钞券后，钞券也不易滑动；计数简单，如感到记数有误时，只要左手拇指放下没有记准的这一组重新清点，不需重新清点其余各组钞券，有利于提高工作效率。

每一种点钞方法都有自己的特点，前述几种方法比较见表 2-4。

表 2-4　手工点钞方法比较

名　称	特　点	适用范围
手持式单指单张点钞法	优点：持票人持票所占的票面较小，视线可及票面的 3/4，容易发现假票，挑剔残破币也较方便 缺点：准确率较低	适用面较为广泛，可用于收款、付款和整点各种新旧大小钞券
手持式单指多张点钞法	优点：点钞效率高，记数简单省力 缺点：由于一指一次捻下几张钞券，除第一张外，后面几张看到的票面较少，不易发现残破券和假币	适用于收款、付款和整点工作，各种钞券的清点都可使用这种点钞方法
手按式点钞法	优点：逐张清点，看到的票面较大，便于挑剔损伤券，特别适宜于清点散把钞券和辅币及残破券多的钞券 缺点：速度较慢	适用于收、付款和整点各种新旧大小钞券

三、假钞的识别

（一）假钞的含义及种类

假钞又称假币，是指以非法手段仿照真币的形象，采用各种技术手段和不同方式加工制作的票币。假币按照采用的技术手段不同分为伪造假币和变造假币两种。

伪造假币是指通过机制胶印假币、誊印假币、复印假币、拓印假币、照相假币、描绘假币和复印制版技术等手段制作的假人民币。其中电子扫描分钯制版印刷的机制假币数量最多，危害最大。

变造假币是指在真币的基础上或以真币为材料，通过挖补、剪贴、涂改、拼凑、制皮、揭面等加工处理方法，使原币改变币值，以少变多、以小变大的变形票币。常见的主要有涂改钞票和拼凑钞票。

（二）假币的特征

从我国目前发现的假币来看，主要是伪造假币，而且以 100 元、50 元大额券为主，但也发现了不少 10 元、5 元的小面额假币。所以，在收付和使用小额面币时也应当注意鉴别真伪。

伪造假币的特征主要有：

1）水印缺乏立体感和层次感。假币的水印大多采用浅色油墨或在纸张夹层中涂布白色浆料，有的是在纸张表面描绘成水印或水印图案，冒充水印。

2）触摸票面无凸凹感。假币纸张一般采用普通纸张，与印钞纸相比，手感比较平滑、绵软，厚薄也不均匀，无凹凸感。

3）颜色不平稳。假币图纹图案颜色不稳定，常常出现断条、重复、留白的情况。

4）磁性不足或根本没有磁性。

5）荧光反映强烈。假币在紫外光源下，多数有强烈的荧光反映，有的假币无汉语拼音和阿拉伯字样，有的虽能看出汉语拼音和阿拉伯字样，但色彩偏白、偏淡。

6）安全线制作粗糙。假币的安全线是在纸张夹层中放置的，纸与线有分离感。有的假币常在纸张中夹入一条银白色的塑料线，有时两头会露出未剪齐的断头，仔细观察便能够看出破绽。

（三）假币的识别方法

日常鉴别钞票的真伪，除了使用点钞机或验钞机外，通过人工鉴别的方法主要有：

1. 对比鉴别法（技术性较强）

(1) 纸张识别：人民币纸张采用专用砂纸，主要成份为棉短绒和高质量木浆，具有耐磨、有韧度、挺括不易折断、抖动时声音脆响等特点；而假币纸张绵软、韧性差、易断裂、抖动时声音发闷。

(2) 水印识别：人民币水印是在造纸中采用特殊工艺使纤维堆积而形成的暗记，分满版和固定水印两种。例如，现行人民币 1 元、2 元、5 元券为满水印暗记，10 元、50 元、100 元券为固定人头像水印。而假币的水印模糊、无立体感、变形较大，通常用浅色油墨加印在纸张的正、反面，不需迎光透视就能看到。

（3）凹印技术识别：真币的技术特点是图像层次清晰，色彩鲜艳、浓郁，立体感强，触摸有凹凸感，如 1～10 元券人民币在人物、字体、国徽、盲文点处都采用了这一技术。而假币图案平淡、手感光滑、花纹图案较模糊并由网点组成。

（4）荧光识别：1999 年版 100 元、50 元券分别在正面主图景两侧印有在紫光下显示纸币面额阿拉伯数字“100”或“50”和汉语拼音“YIBAI”或“WUSHI”的金黄色荧光暗记。而假币一般没有荧光暗记，个别的虽有荧光暗记，但与真币比较，颜色有较大差异，并且纸张会有较明亮的蓝白荧光反应。

如图 2-18 所示是 1999 年版和 2005 年版第五套人民币 100 元纸币的币样，如图 2-19 所示是 1999 年版和 2005 年版第五套人民币 50 元纸币的币样。

1 固定人像水印
2 红、蓝彩色纤维
3 磁性缩微文字安全线
4 手工雕刻头像
5 隐形面额数字
6 胶印缩微文字
7 光变油墨面额数字
8 阴阳互补对印图案
9 雕刻凹版印刷
10 横竖双号码

1 固定人像水印
2 手工雕刻头像
3 胶印缩微文字
4 雕刻凹版印刷
5 光变油墨面额数字
6 胶印对印图案
7 隐形面额数字
8 全息磁性开窗安全线
9 双色异形横号码
10 白水印
11 凹印手感线
12 盲文面额标记
13 汉语拼音“YUAN”
14 年号“2005年”

图 2-18 第五套人民币 100 元纸币

（5）安全线识别：真币的安全线是立体实物与钞纸融为一体，有凸起的手感。假币一般是印上或画上的颜色，如加入立体实物，会出现与票面褶皱

图 2-19 第五套人民币 50 元纸币

分离的现象。此外，还可借助仪器进行检测，可用紫光灯、放大镜、磁性仪等简便仪器对可疑票券进行多种检测。

2. 简便识别法

(1) 眼看：看钞票的水印是否清晰、有无层次和立体的效果；看安全线；看整张票面图案是否单一或者偏色。

(2) 手摸：人民币 5 元以上券均采用了凹版印刷。触摸纸张的手感和票面上凹印图纹，看是否有凹凸感。

(3) 耳听：用手指弹拭票币，或用手捏住票面的一端甩动票币，仔细听票币发出的声响，真币声音清脆，假币声音沉闷。

(4) 尺量：用尺量钞票的规格尺寸。

(5) 仪器检测：用紫光灯检测无色荧光图纹；用磁性仪检测磁性印记。

(6) 比真币：发现可疑票币后，采用上述方法仍不能准确加以确定的，就需要用真币与可疑币进行仔细校对识别。必要时可以借助放大镜、显微镜等仪器来判明真假。

（四）假币的处理

1）单位在收付现金时发现假币，应立即送交附近银行鉴别。

2）单位发现可疑币时，不得随意加盖“假币”戳记并没收，应向持币人说明情况，开具临时收据，连同可疑币及时报送当地人民银行鉴定。经人民银行鉴定，确属假币时，应按发现假币后的办法处理；如确定不是假币时，应及时将钞票退还持币人。

3）假币没收权属于银行、公安和司法部门。

第三节　计算器盲打与传票算

计算器是一种操作简便、无师自通的计算工具。由于运算速度快、计算精确度高、携带方便，其在商业、银行、会计、统计等部门的应用越来越广泛，也成为评判从业者业务素质高低的条件之一。在经济业务中，企业部门的会计核算、统计报表、财务分析、计划检查等业务活动，其数字来源都是通过会计凭证的计算、汇总而获得的，这些会计凭证的汇总即为传票算。传票算是经济工作者日常工作中一项很重要的基本功。在实际工作中，电子计算器是进行传票算的主要工具之一。

一、电子计算器的指法及应用

（一）电子计算器的结构与种类

电子计算器是一种能够进行数字运算、具有多种功能的小型计算器。一般是由显示屏、功能键、内存、运算器等4个部分组成。

电子计算器种类很多、型号不一，但按其功能划分可分为两类：①简单型计算器；②多功能计算器。简单型计算器的功能较少，只能进行一般的加、减、乘、除四则运算；多功能计算器除了能进行四则运算外，还能进行三角函数、对数、复数等运算。

在经济工作中，简单计算器的功能即可满足会计、统计等工作的需要。简单型计算器的功能健有加、减、乘、除、百分比、累计等，如图2-20所示。由于结构简单、操作方便、价格低廉，它已成为经济工作中必不可少的计算工具。

图2-20　计算器

（二）计算器盲打的基本要求与方法

1. 基本要求

（1）坐姿端正：正确的坐姿会使操作者轻松自如、动作协调、速度增加。

(2) 放置适当：计算器放置的位置一般以方便操作为原则，如果以右手击打键盘，一般放在右边的合适位置。位置确定后，不要随便移动，以免影响运算速度。

(3) 握笔灵活：用右手握笔击打键盘和书写答案，运算速度会大大提高。

(4) 精力集中：注意力集中是保证运算正确的前提条件。

(5) 动作和谐：保持头部不动，眼看账表，手敲键盘，分工明确，眼看手到，答案书写无误。

2. 指法分工与定位

在目前的经济工作中，主要使用加、减运算。手指分工为：右手中指负责"2"、"5"、"8"、"00"键；食指负责"1"、"4"、"7"、"0"键；无名指负责"3"、"6"、"9"、"."键；小拇指或无名指负责"+"、"−"、"="键。另外，还可根据具体需要，由食指负责"GT"、"→"、"CE"、"C"键。

与计算机键盘操作相同，击打键盘之前，右手食指、中指和无名指应分别定位于4、5、6三个数字键上；运算过程中和运算过程结束后，应及时复位。如果坚持握笔练习，速度则会大大提高。握笔姿势如图2-21所示。

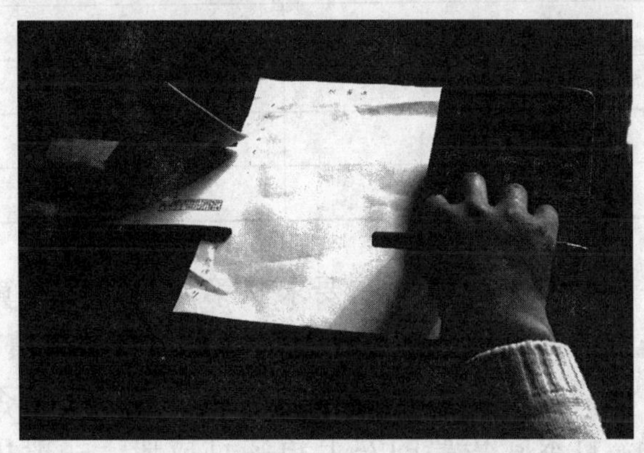

图2-21 握笔操作

3. 训练步骤及注意事项

要做到计算器盲打，需要进行刻苦的训练。训练通常分为三个步骤：

1) 熟悉键盘，按顺序反复敲击13579+24680。

2) 实际应用，屏打（盲打）传票。

3) 左右手配合，实战训练。

在计算器盲打训练中，要注意以下几点：

1) 右手掌面悬空，便于手掌在键面上灵活移动。

2）右手食指、中指和无名指要及时复位。

3）各数字键的位置记忆要准确。

4）掐表计时练习，循序前进，由慢到快，逐渐减少差错，注意克服急躁心理。

二、翻打传票技能

传票算也可称为凭证汇总算。它是对各种单据、发票和记账凭证进行汇总计算的一种方法，也是加减运算中的一种常用方式，是计算器盲打的一个应用项目。

（一）传票算的基本要求

根据传票算的运算特点，计算时使用计算器或小键盘、传票本，另需一张传票算试题答案纸。传票算每 20 页为一题，运算数码 110 个。传票算答题卡，见表 2-5。

表 2-5　传票算答题卡

题　号	行　次	起止页数	合计数
一	（五）	8～27	
二	（三）	17～36	
三	（四）	45～64	
四	（二）	63～82	
…	…	…	

答题卡内数字的含义为：第一题要求从第 8 页起，运算到第 27 页截止，“（五）”表示把每页的第五行数字累加起来，然后将结果填写在合计栏中。

日常练习中，传票本是练习传票算的依据。传票按是否装订分为订本式传票和活页式传票。订本式传票的左上角装订成册，一般用于比赛；活页式传票主要应用于柜台统计和会计核算。

（二）订本式传票的翻打

订本式传票本，一般每本 100 页。在传票本每页的右上角印有阿拉伯数字，表示传票的页码。每页传票上有五行（笔）数字，每行数字前自上而下依次印有（一）、（二）、（三）、（四）、（五）的标志。“（一）”表示第一行数，“（二）”表示第二行，依此类推。每行最高位数为 7 位数字，最低位数为 4 位数字，如图 2-22 所示。

68	
（一）	54.79
（二）	148.26
（三）	52 310.75
（四）	8 261.36
（五）	626.80

图 2-22 传票试题

上述传票表示为：第 68 页第一行数字是 54.79，第二行数字是 148.26，……，依次类推。

翻打订本式传票时，用左手的中指、无名指、小拇指压住传票的左边，用拇指、食指捏页起翻，逐页进行。翻打运算时要做到翻页、看数、默数、按键一气呵成。

（三）活页式传票的翻打

实际工作中，销售发票、支票、收据、记账凭证、工时记录和产量记录等都属于活页式传票的翻打训练资料，其操作要领如下：

1. 整理准备

运算前应检查传票本有无缺页、重页或数字不清晰的情况，还需将传票本捻成扇面形状。

捻扇面的方法是：用左手握住传票的左下角，右手握住传票的右上角，拇指放在传票封面的上部，其余 4 指放在传票背面，右手向里捻动，形成扇形后，用票夹将传票本左上角夹住，以固定扇面。扇面形状的大小依需要而定，如图 2-23、图 2-24 所示。

图 2-23 捏住对角

图 2-24 打扇面

2. 摆放适当

使用计算器计算时，传票本放在左边，答题纸放在中间（传票本应压住答题纸，以不影响看题、写数为宜），计算器放在右边，如图 2-25所示。

3. 操作步骤

(1) 找页：找页是传票算的基本功之一。由于传票试题在拟题时并不按自然顺序，而是相互交叉，这就需要在运算过程中前后找页。

找页的方法：①用手翻找不同厚度的页数以练习手感。②迅速、准确地找出各题起始页。③本题计算完毕，在写数清屏的同时，用眼睛余光浏览下一题起始页，然后左手迅速翻找。

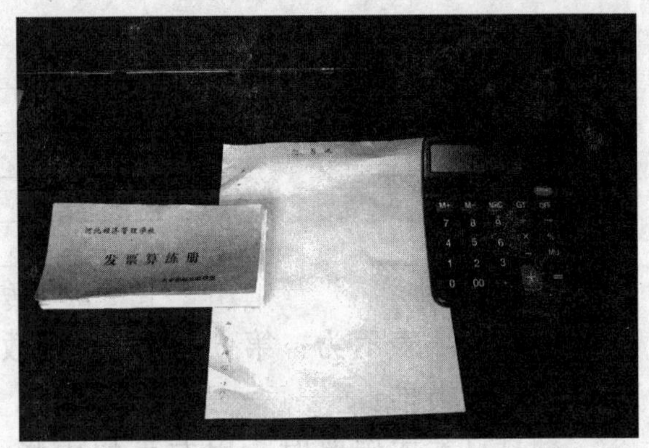

图 2-25 位置摆放

(2) 翻页：传票运算时用左手翻页（打一页翻一页）。

翻页的方法：左手小指、无名指和中指放在传票本左下方，食指、拇指放在每题的起始页，用拇指的指肚轻轻靠住传票本应翻起的页码处，翻上来后食指配合拇指把翻过的页码夹在中指与食指的指缝中间，以便拇指继续翻页，如图 2-26 所示。

图 2-26 翻页

(3) 记页：传票算每题由 20 页组成，为避免在计算中发生超页或打不够页的现象，必须在计算过程中默记打了多少次，记到第 20 次时核对该题的起止页，立即书写答数。

从眼看到盲打需要一个过程，这个过程简单而枯燥，对每个人来说都是一种挑战。挑战它需要勇气，更需要毅力，努力实践这个由简单到不简单的过程，实现计算器盲打就是不简单。相信自己一定能够做到！

本章小结

会计基本技能是经济工作者在日常工作中必须掌握的基本技能，主要包括会计数字的书写技能、点钞与验钞技能、计算器盲打技能等。会计数字书写技能包括阿拉伯数字和中文大写数字的书写技能，它是工作中填写发票、借款单等票证必须掌握的一种技能；点钞技能包括手持式点钞和手按式点钞等技能，点钞过程包括验钞，验钞是点钞技术的一个方面；计算器在经济生活中应用广泛，可以大大提高工作效率，改进工作质量。因此，掌握计算器盲打技能有着非常重要的意义。

案例分析

2008 年 3 月的一天，现为某中等职业学校学生的海平去超市购物，拿出 100 元付款时，超市收银员说是假钞，要予以没收。

思考：超市有权没收假币吗?

课外活动建议 组织同学们到附近的银行，并请银行工作人员介绍日常工作中是如何识别假钞的，有哪些技巧?

知识拓展

陈燕，张俊利．实用会计基本技能［M］．北京：科学出版社，2007.

第三章　原始凭证

◎ **知识目标**

1. 了解原始凭证的含义和分类。
2. 熟悉原始凭证的基本内容与填制要求。
3. 熟悉原始凭证的传递程序。

◎ **能力目标**

1. 能解读原始凭证。
2. 能填制原始凭证。
3. 能审核原始凭证。

◎ **情感目标**

客观、真实地记录企业的经营过程是工作人员的职责，实事求是地反映经济活动是信息使用者对会计人员的基本要求。谨遵财经法规，恪守职业道德，是财会人员必备的素质。

1. 资料准备：各种发票及企业自制凭证若干，银行结算凭证一套。
2. 分组安排：7～8人为一组（科室），实行组长（科长）负责制。
3. 课时安排：10学时。

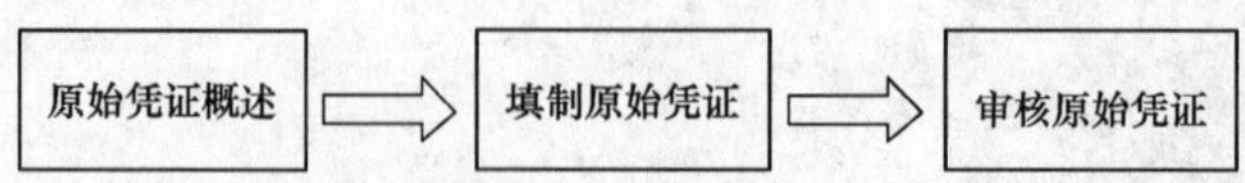

刘林毕业后分配到耐达公司业务科工作，科长派他到超市购买劳保用品，其中手套20副，单价2.00元；毛巾20条，单价5.20元。付款后，刘林取得发票一张，如图3-1所示。

本票防伪标志为"河北省国家税务局监制

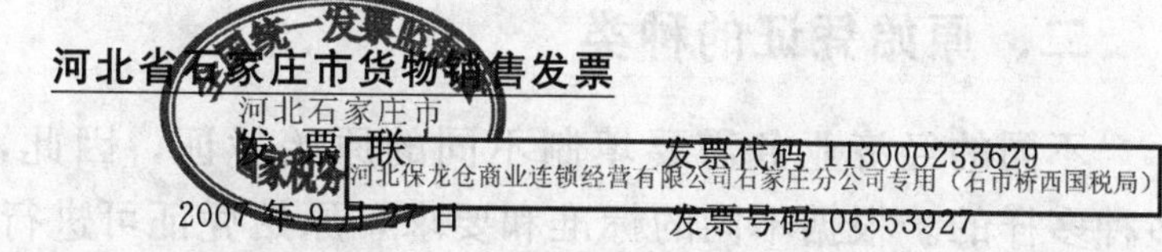

河北省石家庄市货物销售发票

（印章：全国统一发票监制章 河北石家庄市 国家税务）

发 票 联　　发票代码 113000233629

河北保龙仓商业连锁经营有限公司石家庄分公司专用（石市桥西国税局）

客户名称：耐达公司　　2007 年 9 月 27 日　　发票号码 06553927

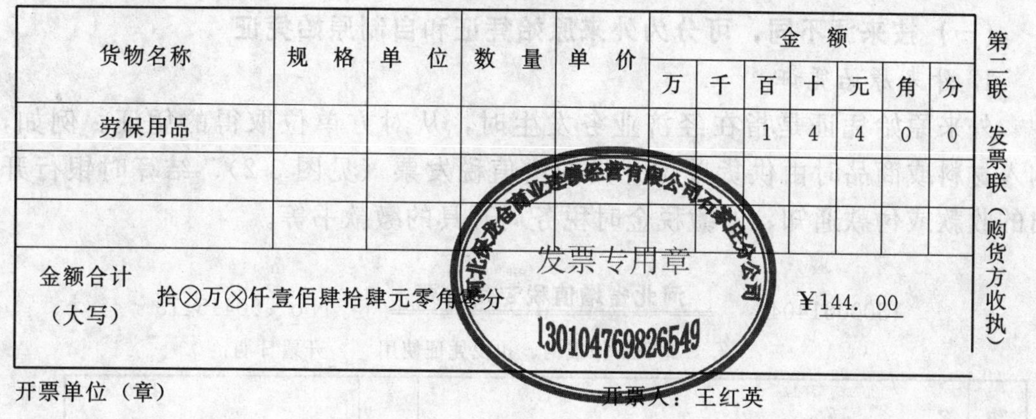

货物名称	规格	单位	数量	单价	万	千	百	十	元	角	分
劳保用品							1	4	4	0	0
金额合计（大写）	拾⊗万⊗仟壹佰肆拾肆元零角零分				￥144．00						

（金额栏合并表头：金额）

第二联 发票联（购货方收执）

（印章：河北保龙仓商业连锁经营有限公司石家庄分公司 发票专用章 130104769826549）

开票单位（章）　　开票人：王红英

图 3-1　货物销售发票

想一想：上面这张发票存在什么问题？如果你是开票人，应该怎样填制呢？

第一节　原始凭证的种类与内容

去商场购物要取得发票，以现金缴付各项费用要取得收据。这里的发票、收据都是企业经济业务发生的原始证明，是会计人员记账的依据，也就是通常所说的原始凭证。

一、原始凭证的含义

原始凭证是企业在经济业务发生时取得或填制的、用以表明经济业务完成情况、明确经济责任的书面证明，是记账的原始依据。

企业发生的每一项经济业务都应有相应的原始凭证，如购货时取得的发票、领用材料时填制的领料单、通过银行办理结算时取得的银行结算凭证等。但是，并非企业取得或填制的所有单据都是原始凭证，那些不能证明企业经济业务已经发生或完成的各种单据，如购货合同、请购单、银行存款余额调节表和车间派工单等，均不能作为会计核算的原始依据。

想一想：还有哪些单据不能称为原始凭证？

二、原始凭证的种类

不同的经济业务需要填制不同的原始凭证，因此，原始凭证的种类也是多种多样的。根据不同的标准和要求，原始凭证可进行不同的分类。

（一）按来源不同，可分为外来原始凭证和自制原始凭证

1. 外来原始凭证

外来原始凭证是指在经济业务发生时，从对方单位取得的凭证。例如，购入材料或商品时由供货单位开具的增值税发票（见图 3-2）、结算时银行开出的收款或付款通知、上缴税金时税务局开具的缴款书等。

1300061404　　**河北省增值税专用发票**　　No 00415413

此联不作报销、扣税凭证使用　　开票日期：

购货单位	名　　称： 纳税人识别号： 地址、电话： 开户行及账号：				密码区	（略）	
货物或应税劳务名称	规格型号	单位	数量	单价	金额	税率	税额
合　计							
价税合计（大写）					（小写）		
销货单位	名　　称： 纳税人识别号： 地址、电话： 开户行及账号：				备注		

第三联：记账联　销货方记账凭证

收款人：　　复核：　　开票人：　　销货单位：（章）

图 3-2　增值税专用发票

2. 自制原始凭证

自制原始凭证是指在经济业务发生时由本企业经办部门和人员自行填制的凭证。例如，购入材料入库时填制的收料单（见图 3-3）、领用材料物资时的领料单等。

收 料 单

年 月 日　　　　　　　　　　　　　　　　编号：

发票号码：　　　　　　　　　　　　　　　　收料仓库：

<table>
<tr><td colspan="2">供应单位</td><td colspan="2"></td><td colspan="2">材料类别及编号</td><td colspan="2"></td></tr>
<tr><td rowspan="2">材料名称及规格</td><td rowspan="2">单位</td><td colspan="2">数 量</td><td colspan="4">实际成本</td></tr>
<tr><td>应 收</td><td>实 收</td><td>发票价格</td><td>运杂费</td><td>合 计</td><td>单位成本</td></tr>
<tr><td></td><td></td><td></td><td></td><td></td><td></td><td></td><td></td></tr>
<tr><td></td><td></td><td></td><td></td><td></td><td></td><td></td><td></td></tr>
<tr><td colspan="2">合 计</td><td></td><td></td><td></td><td></td><td></td><td></td></tr>
</table>

主管：　　　　记账：　　　　保管：　　　　检验：　　　　交库：

图 3-3 收料单

(二) 按填制手续的不同，分为一次凭证、累计凭证和汇总原始凭证

1. 一次凭证

一次凭证是指经济业务发生时，一次填写完毕的一种原始凭证。大多数的原始凭证都是一次凭证，如入库单、领料单等。

2. 累计凭证

累计凭证是指在一定时期内，连续地在一张凭证中登记若干项同类经济业务，期末把累计额作为记账依据的一种原始凭证，如图 3-4 所示的限额领料单就是一种累计凭证。

限额领料单

领料单位：　　　　　　年 月　　　　　　编号：

用　　途：　　　　　　　　　　　　　　单位消耗定额：

计划产量：　　　　　　　　　　　　　　材料单价：

<table>
<tr><td colspan="2" rowspan="2">材料名称及规格</td><td rowspan="2">计量单位</td><td colspan="2" rowspan="2">本月领用限额</td><td colspan="2">本月实领</td></tr>
<tr><td>数 量</td><td>金 额</td></tr>
<tr><td colspan="2"></td><td></td><td colspan="2"></td><td></td><td></td></tr>
<tr><td>领料日期</td><td>请领数</td><td>实发数</td><td>结余数</td><td>领料人</td><td>车间负责人</td><td>发料人</td></tr>
<tr><td></td><td></td><td></td><td></td><td></td><td></td><td></td></tr>
<tr><td></td><td></td><td></td><td></td><td></td><td></td><td></td></tr>
<tr><td></td><td></td><td></td><td></td><td></td><td></td><td></td></tr>
<tr><td></td><td></td><td></td><td></td><td></td><td></td><td></td></tr>
</table>

生产计划部门负责人：　　　　供应部门负责人：　　　　材料核算员：

图 3-4 限额领料单

3. 汇总原始凭证

汇总原始凭证是指将一定时期内同类经济业务的若干张同类原始凭证加以汇总编制而成的原始凭证，如发料凭证汇总表（见图 3-5)、工资分配汇总表等。

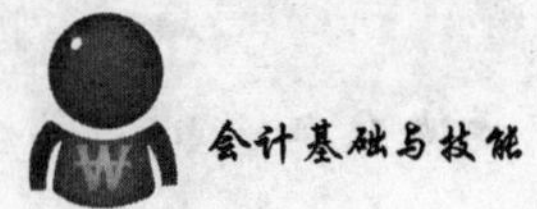

发料凭证汇总表

单位：　　　　　　　　　　　　年　　月　　　　　　　　　　编号：

用途		材料类别				合计
		原料及主要材料	辅助材料	燃料	修理用备件	
产品生产						
车间一般耗用						
销售						
管理部门一般耗用						
合计						

复核：　　　　　　　　　　　　编制：

图 3-5　发料凭证汇总表

（三）按填制手段的不同，分为手工凭证和机制凭证

1. 手工凭证

手工凭证是指传统的由业务人员或会计人员手工填制的凭证，如收据、收料单和领料单等。

2. 机制凭证

机制凭证是指采用计算机填制并打印的原始凭证，如增值税发票等。

原始凭证的分类与内容，如图 3-6 所示。

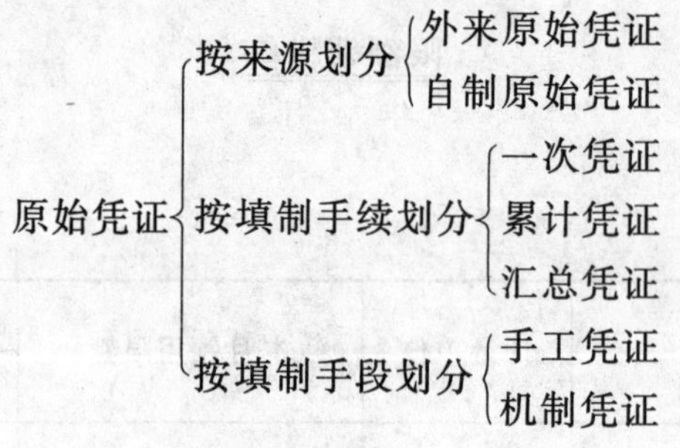

图 3-6　原始凭证的分类与内容

三、原始凭证的基本内容

原始凭证的种类不同，样式也有所区别。但是，所有的原始凭证都必须能够载明经济业务的发生情况，明确经办人员的责任。所以，原始凭证应具备一些共同的基本内容，通常称为凭证要素。凭证要素主要包括：

1）原始凭证的名称，如河北省增值税专用发票、收据、领料单等。

2）填制凭证的日期和凭证编号，如开票日期。

3）填制单位或接受单位名称，如上海耐达公司和石家庄财税学校。

4）经济业务内容，如手套、数量、单价和金额。

5）经办人员签章或单位公章。

想一想：根据所学知识，对照导入中的发票，看看其是否具备原始凭证的基本内容？

四、原始凭证的填制要求

为了正确、完整、及时地记录各项经济业务，填制原始凭证时应遵循下列要求：

1. 记录真实

记录真实，就是要实事求是地记录经济业务，包括日期、业务内容、数量和金额等必须符合实际情况，确保凭证所记录的内容真实、可靠。

2. 内容完整

原始凭证的各项内容，必须填写齐全，不得遗漏。

3. 书写清楚、规范

填写原始凭证要用蓝色或黑色笔书写，字迹清晰、规范，易于辨认，大小写金额填写要符合规定，发生差错时要按照规定方法更正，涉及收付款的凭证要连续编号，属于需要套写的凭证，必须一次套写清楚。

4. 填写及时

经济业务发生或完成后，一般应由经办人员立即填制原始凭证，并按规定的程序及时送交财会部门，由财会部门加以审核。

根据上述内容和要求，案例中发票的正确填写方法如图 3-7 所示。

本票防伪标志为"河北省国家税务局监制

河北省石家庄市货物销售发票

河北石家庄市

发票联　　发票代码 113010002351

河北保龙仓商业连锁经营有限公司石家庄分公司专用（石市桥西国税局）

客户名称：耐达公司　　2007年9月27日　　发票号码 11007765

货物名称	规格	单位	数量	单价	金额 万	千	百	十	元	角	分
手套		副	20	2.00				4	0	0	0
毛巾		条	20	5.20			1	0	4	0	0
							1	4	4	0	0
金额合计（大写）	⊗万⊗仟壹佰肆拾肆元零角零分				¥144.00						

第二联 发票联（购货方收执）

发票专用章 130104769826549

开票单位（章）　　开票人：王红英

图 3-7　货物销售发票

第二节　银行结算凭证的填制与传递

一、银行结算与银行结算方式

结算是指企业与其他单位或个人之间发生经济往来时所引起的货币收付行为。企业单位之间的经济往来，除按规定可以使用现金结算外，都必须通过银行办理转账结算。结算可分为现金结算和银行结算两种。

根据中国人民银行有关支付结算办法的规定，现行的银行结算方式主要有：支票、银行本票、银行汇票、商业汇票、委托收款、托收承付、汇兑和信用卡等。

二、支票的填制与传递

1. 支票的含义

支票是由出票人签发的，委托办理支票存款业务的银行或其他金融机构在见票时无条件支付确定的金额给收款人或者持票人的票据。支票实际上是存款人开出的付款通知。

支票可分为现金支票、转账支票和普通支票。支票上印有“现金”字样的为现金支票，现金支票只能用于支取现金，如图 3-8 所示；支票上印有“转账”字样的为转账支票，转账支票只能用于转账，不能用于支取现金。普通支票既可用于向银行提取现金，又可办理转账。

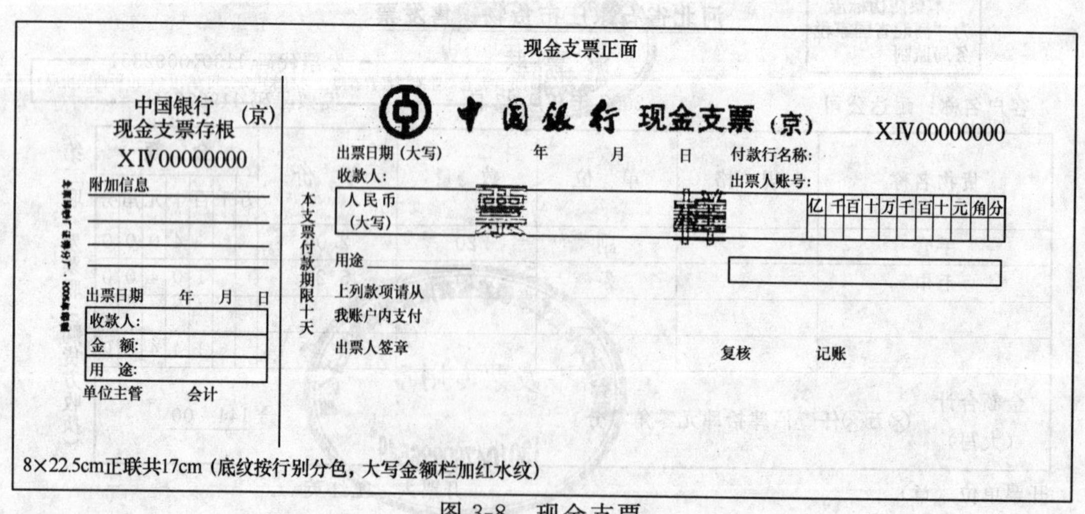

现金支票正面

中国银行
现金支票存根（京）
XⅣ00000000
附加信息
出票日期　年　月　日
收款人:
金　额:
用　途:
单位主管　会计

本支票付款期限十天

中国银行 现金支票（京）　XⅣ00000000
出票日期（大写）　年　月　日　付款行名称:
收款人:　出票人账号:
人民币（大写）

亿	千	百	十	万	千	百	十	元	角	分

用途
上列款项请从
我账户内支付
出票人签章　复核　记账

8×22.5cm正联共17cm（底纹按行别分色，大写金额栏加红水纹）

图 3-8　现金支票

现金支票背面（正联部分）

北京印钞厂证券分厂•2005年印制

附加信息：	收款人签章 年 月 日
	身份证件名称： 发证机关：
	号码

（贴粘单处）

说明：（1）取消支票正面右下角会计分录、付讫日期内容；（2）小写金额栏下方增加空格栏，采用支付密码的，可在此记载支付密码；（3）取消支票存根会计分录内容，空白处增加“附加信息”；（4）取消支票正面右下角“贴对号单处”及“出纳、对号单”栏；（5）支票背面取消付款券别登记栏，左方设置“附加信息”栏，右方调整“收款人签章”位置，并增加“年 月 日”内容，增加“身份证件名称、号码、发证机关”内容。

图 3-8 现金支票（续）

目前，支票结算在同城或在指定票据交换区域及异地均可使用。

2. 支票结算的基本规定

1）支票一律记名，即签发的支票必须注明收款单位名称或收款人的姓名、开票日期、具体用途和确定的金额。

2）支票有效期为 10 天，即支票有效期从签发的次日算起，到期日遇节假日顺延，过期支票银行不予受理，支票自行作废。

3）支票金额起点为 100 元。

4）不准签发空头支票（即票面金额超过存款余额或透支限额的支票）或印章与预留银行印鉴不符的支票。

3. 支票填写的有关规定

1）签发支票应使用黑色碳素或蓝黑墨水书写。

2）出票日期必须使用中文大写。为防止变造出票日期，在填写月、日时，月为壹、贰和壹拾的，日为壹至玖和壹拾、贰拾、叁拾的，应在其前加“零”字；日为拾壹至拾玖的，应在其前加“壹”字。

例如，2007 年 1 月 15 日，应写为贰零零柒年零壹月壹拾伍日；2007 年 10 月 20 日，应写为贰零零柒年零壹拾月零贰拾日。

3）数字大小写金额要一致。

4）现金支票中的“收款人”栏可写本单位名称，在支票背面被背书人栏内加盖本单位的财务专用章和法人章，之后收款人可凭现金支票直接到开户银行提取现金；现金支票中的“收款人”栏可写个人姓名，此时背面被背书人栏内不盖任何章，收款人在现金支票背面填上身份证号码和发证机关名称，

凭身份证和现金支票签字领款。

5）转账支票中“收款人”栏应填写对方单位名称。转账支票背面本单位不盖章。收款单位取得转账支票后，在支票背面被背书栏内加盖收款单位财务专用章和法人章，填写好银行进账单后连同该支票交给收款单位的开户银行委托银行收款。

6）付款行名称与出票人账号为本单位开户银行的名称及银行账号。例如，红远公司开户行是中国建设银行机场路支行和平分理处，账号是 13010366580l。

7）现金支票的使用有一定的限制，其用途栏一般填写“工资”、“备用金”、“劳务费”、“差旅费”和“办公费”等内容；转账支票的使用没有具体规定，用途栏一般填写“货款”和“代理费”等内容。

8）支票正面必须盖有财务专用章和法人章，二者缺一不可，印泥为红色，印章必须清晰；如果印章模糊，只能将该支票做作废处理。作废的支票不得撕去，应由签发单位自行注销，与存根一起保管，将来企业销户时连同空白支票一并缴存银行。

9）支票正面不能有涂改痕迹，否则支票将作废；支票填写不全，可以补记，但不能涂改。

【例 3-1】2007 年 10 月 2 日，冀峰药业集团从银行提取现金 105 270.48 元，备发工资，开出现金支票一张。

1）该公司有关资料如下：

地址：石家庄市江东路 100 号；纳税人识别号：12044690023；开户行：中国建设银行江东路支行；账号：9275469887；法人代表：陈晨。

2）根据上述资料和支票填写的有关规定，签发现金支票如图 3-9 所示。

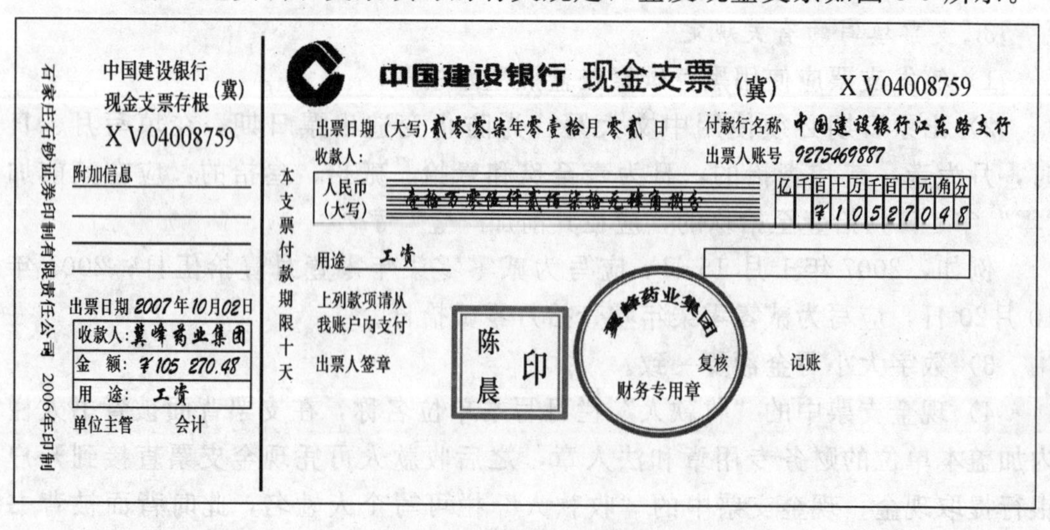
石家庄石钞证券印制有限责任公司 2006年印制

中国建设银行
现金支票存根（冀）
XV04008759
附加信息
出票日期 2007年10月02日
收款人：冀峰药业集团
金　额：￥105 270.48
用　途：工资
单位主管　会计

本支票付款期限十天

中国建设银行 现金支票 （冀） XV04008759
出票日期（大写）贰零零柒年零壹拾月零贰日　付款行名称 中国建设银行江东路支行
收款人：　出票人账号 9275469887

人民币（大写）	亿	千	百	十	万	千	百	十	元	角	分
壹拾万零伍仟贰佰柒拾元肆角捌分			￥	1	0	5	2	7	0	4	8

用途 工资
上列款项请从
我账户内支付
出票人签章
陈晨印
冀峰药业集团 财务专用章
复核　记账

图 3-9　现金支票

练一练：

填写一张转账支票，检测自己是否掌握了支票的填写方法。

4. 支票的传递程序

使用支票办理银行结算业务，其传递程序及说明如图 3-10 所示。

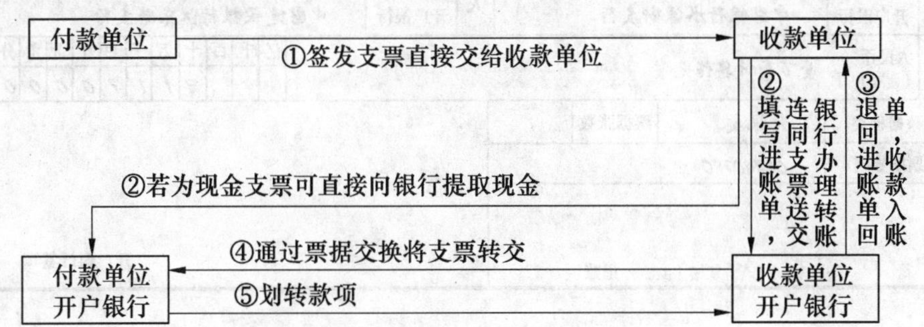

图 3-10 支票的传递程序

【例 3-2】2007 年 10 月 5 日，冀峰药业集团向汉康医药商场销售阿莫西林，开具增值税发票（略），收到转账支票一张。转账支票（正联）如图 3-11 所示。

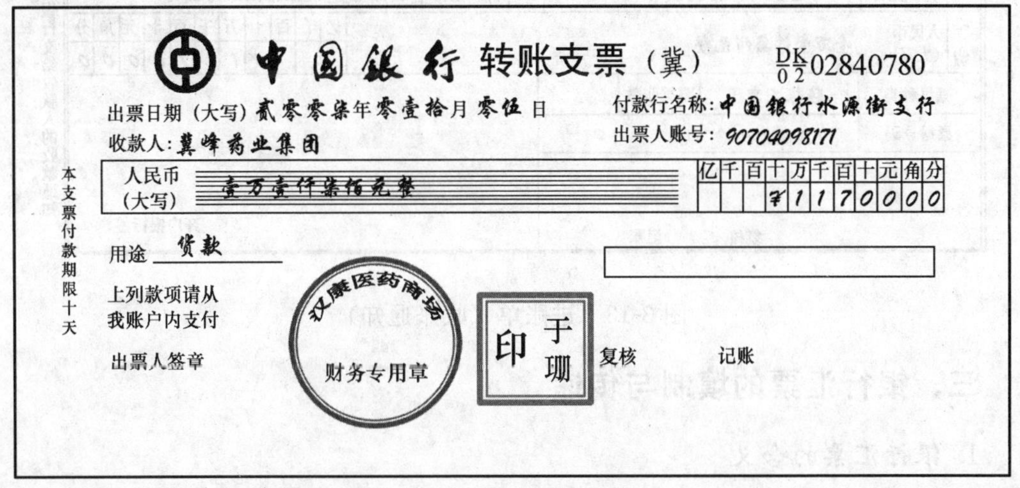

中国银行 转账支票（冀） DK/02 02840780

出票日期（大写）贰零零柒年零壹拾月零伍日　付款行名称：中国银行水源街支行

收款人：冀峰药业集团　出票人账号：90704098171

本支票付款期限十天

人民币（大写）	亿	千	百	十	万	千	百	十	元	角	分
壹万壹仟柒佰元整				¥	1	1	7	0	0	0	0

用途 货款

上列款项请从我账户内支付

出票人签章　汉康医药商场 财务专用章　印 于珊　复核　记账

图 3-11 转账支票

1）填写进账单一式三联，连同转账支票送交本单位开户银行（中国建设银行江东路支行）办理转账。图 3-12 是开户行受理后退回的进账单（回单）。

2）10 月 6 日，收到银行盖章退回的进账单（收账通知），收款入账，如图 3-13 所示。

3）会计人员根据回单和收账通知等原始凭证编制记账凭证。

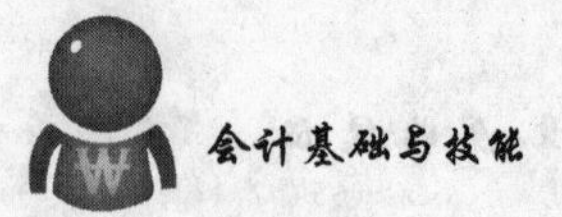

中国建设银行　进账单（回　单）　1

2007 年 10 月 5 日

出票人	全　称	汉康医药商场	收款人	全　称	冀峰药业集团
	账　号	90704098171		账　号	9275469887
	开户银行	中国银行水源街支行		开户银行	中国建设银行江东路支行
金额	人民币（大写）	壹万壹仟柒佰元整		亿千百十万千百十元角分	¥1170000
票据种类	转账支票	票据张数	1		
票据号码	02840780				
	复核　记账			开户银行签章	

此联是开户银行交给持（出）票人的回单

图 3-12　进账单（回单）

中国建设银行　进账单（收账通知）　3

2007 年 10 月 6 日

出票人	全　称	汉康医药商场	收款人	全　称	冀峰药业集团
	账　号	90704098171		账　号	9275469887
	开户银行	中国银行水源街支行		开户银行	中国建设银行江东路支行
金额	人民币（大写）	壹万壹仟柒佰元整		亿千百十万千百十元角分	¥1170000
票据种类	转账支票	票据张数	1		
票据号码	02840780				
	复核　记账			开户银行签章	

此联是开户银行交给收款人的收款通知

图 3-13　进账单（收账通知）

三、银行汇票的填制与传递

1. 银行汇票的含义

银行汇票（见图 3-14）是汇款人将款项交存当地银行，由银行签发的给汇款人持往异地办理转账结算或支取现金的票据。银行汇票适用于异地单位或个人之间需要支付的各种款项，且具有票随人到、用款及时、使用灵活和兑现性强的特点。

2. 银行汇票结算的基本规定

1）银行汇票一律记名。汇款人申请办理银行汇票时，应在填写的“银行汇票申请书”上详细填明兑付地点、收款人名称、账号和用途等项内容。

2）银行汇票付款期限为一个月，逾期银行不予受理。

3）银行汇票金额起点为 500 元，签发带有"现金"字样的汇票，可直接提取现金。

付款期限 壹个月

中国工商银行
银行汇票

地名 $\frac{B}{0}\frac{A}{3}$ 00000000

2

上海证券印制有限公司 • 2005年印制

出票日期（大写） 年 月 日

代理付款行： 行号：

收款人： 账号：

出票金额 人民币（大写）

实际结算金额 人民币（大写）

千	百	十	万	千	百	十	元	角	分

票样

申请人： 账号：

出票行： 行号

备 注：

出票行签章

密押：

多余金额

千	百	十	万	千	百	十	元	角	分

复核 记账

此联代理付款行付款后作联行往账借方凭证附件

10×17.5cm（专用水印）纸蓝油墨，出票金额栏加红水纹）

银行汇票第二联背面：

被背书人	被背书人
背书人签章 年 月 日	背书人签章 年 月 日

（贴粘单处）

持票人向银行提示付款签章：

身份证件名称： 发证机关：

号码：

图 3-14 银行汇票

3. 银行汇票的传递程序

使用银行汇票办理银行结算业务，其传递程序及说明如图 3-15 所示。

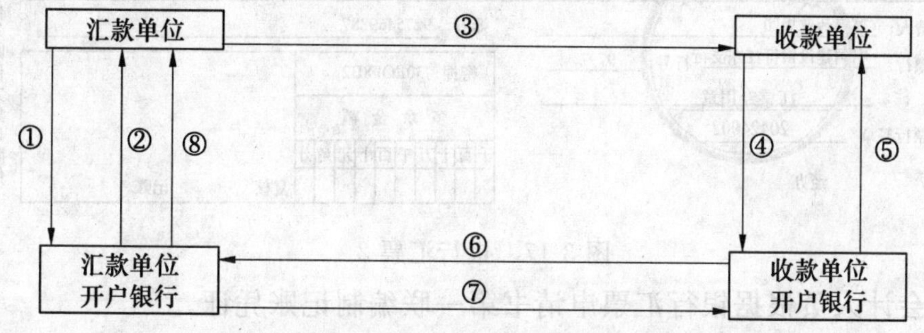

图 3-15 银行汇票的传递程序

说明：① 向银行提交银行汇票申请书。② 签发银行汇票。③ 持汇票往异地办理结算。④ 填写进账单，将汇票及解讫通知送交银行办理收账。⑤ 根据进账单回单收款入账。⑥ 通知汇票已解付。⑦ 划转款项。⑧ 结清银行汇票金额，将多余金额退回。

【例 3-3】2007 年 10 月 8 日，冀峰药业集团采购员朱杰准备到山东烟台市华安有限公司购买一批药材，从银行结算账户中划款 120 000 元，申请签发银行汇票。其办理程序如下：

1）出纳员填写银行汇票申请书。

2）银行审核无误后，出纳员交存款项，银行签发银行汇票，并将汇票申请书存根联（见图 3-16）、银行汇票第二联（见图 3-17）和第三联（见图3-18）交给申请人。

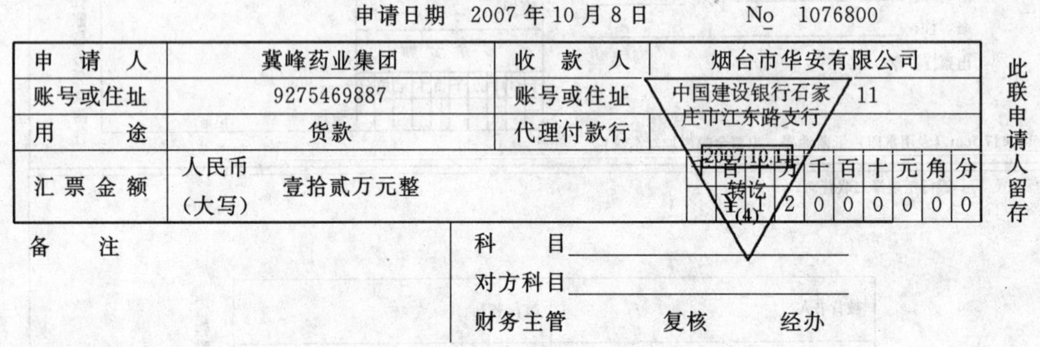

中国建设银行汇票申请书（存根）　1

申请日期　2007 年 10 月 8 日　No 1076800

申请人	冀峰药业集团	收款人	烟台市华安有限公司
账号或住址	9275469887	账号或住址	中国建设银行石家庄市江东路支行 11
用途	货款	代理付款行	
汇票金额	人民币（大写）壹拾贰万元整		百十万千百十元角分 ¥1 2 0 0 0 0 0 0

备注　　科目　　对方科目　　财务主管　复核　经办

此联申请人留存

图 3-16　银行汇票申请书存根联

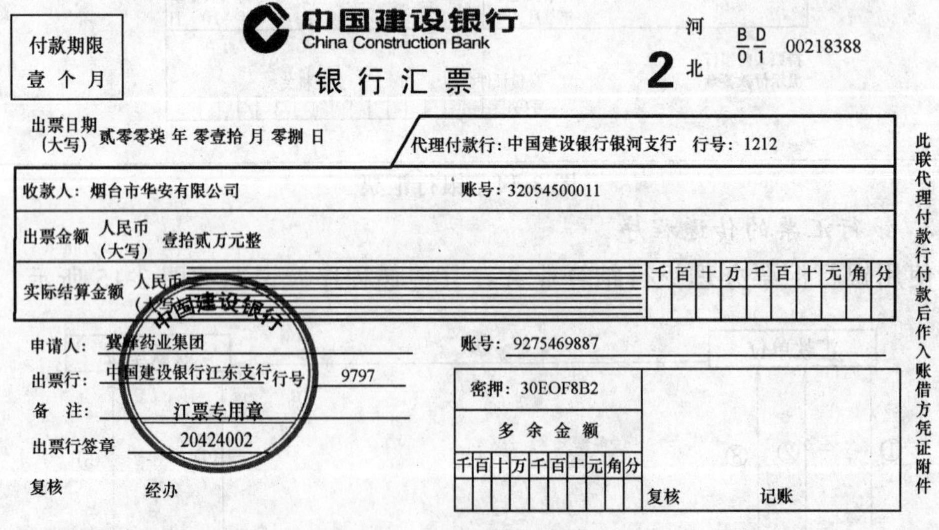

中国建设银行 China Construction Bank

付款期限 壹个月

银行汇票　2　河北　BD 01　00218388

出票日期（大写）贰零零柒 年 零壹拾 月 零捌 日　代理付款行：中国建设银行银河支行　行号：1212

收款人：烟台市华安有限公司　账号：32054500011

出票金额 人民币（大写）壹拾贰万元整

实际结算金额 人民币（大写）　千百十万千百十元角分

申请人：冀峰药业集团　账号：9275469887

出票行：中国建设银行江东支行　行号 9797

备注：　密押：30EOF8B2

出票行签章　汇票专用章 20424002　多余金额 千百十万千百十元角分

复核　经办　复核　记账

此联代理付款行付款后作入账借方凭证附件

图 3-17　银行汇票 2

3）会计人员根据银行汇票申请书第一联编制记账凭证。

4）采购人员朱杰持银行汇票第二联和第三联前往烟台市采购药材。价款

付款期限 壹 个 月

中国建设银行 China Construction Bank

银行汇票 （解讫通知） 3 河北 $\frac{BD}{01}$ 00218388

出票日期（大写） 贰零零柒 年 零壹拾 月 零捌 日

代理付款行：中国建设银行银河支行 行号：1212

收款人：烟台市华安有限公司 账号：32054500011

出票金额 人民币（大写） 壹拾贰万元整

实际结算金额 人民币（大写）

千	百	十	万	千	百	十	元	角	分

申请人：冀峰药业集团 账号：9275469887

出票行：中国建设银行江东支行 行号 9797

备 注：购货款

密押：

多余金额

千	百	十	万	千	百	十	元	角	分

代理付款行签章

复核 经办

复核 记账

此联代理付款行付款后作入账借方凭证附件

图 3-18 银行汇票 3

97 878.29 元，增值税额为 16 639.31 元，价税合计为 114 517.60 元。货款已用银行汇票结算，取得增值税专用发票（略）。

5）10 月 11 日，收到开户行退回的银行汇票多余款收账通知（第四联），如图 3-19 所示。

付款期限 壹 个 月

中国建设银行 China Construction Bank

银行汇票 （多余款收账通知） 4 河北 $\frac{BD}{01}$ 00218388

出票日期（大写） 贰零零柒年零壹拾月零捌日

代理付款行：中国建设银行银河支行 行号：1212

收款人：烟台市华安有限公司 账号：32054500011

出票金额 人民币（大写） 壹拾贰万元整

实际结算金额 人民币（大写） 壹拾壹万肆仟伍佰壹拾柒元陆角整

千	百	十	万	千	百	十	元	角	分
	¥	1	1	4	5	1	7	6	0

申请人：冀峰药业集团 账号：9275469887

出票行：中国建设银行江东支行 行号 9797

备 注：

密押：

多余金额

千	百	十	万	千	百	十	元	角	分
			¥	5	4	8	2	4	0

左列退回多余金额已收入你账户内

出票行签章

2007年10月11日

此联代理付款行付款后作入账借方凭证附件

图 3-19 银行汇票 4

6）会计人员根据增值税专用发票和银行汇票多余款收账通知编制记账凭证。

四、银行本票的填制与传递

1. 银行本票的含义

银行本票（见图 3-20）是申请人将款项交存银行，由银行签发的、承诺自己在见票时无条件支付确定的金额给收款人或者持票人的票据。银行本票适用于同城范围内的商品交易、劳务供应以及其他款项的结算。

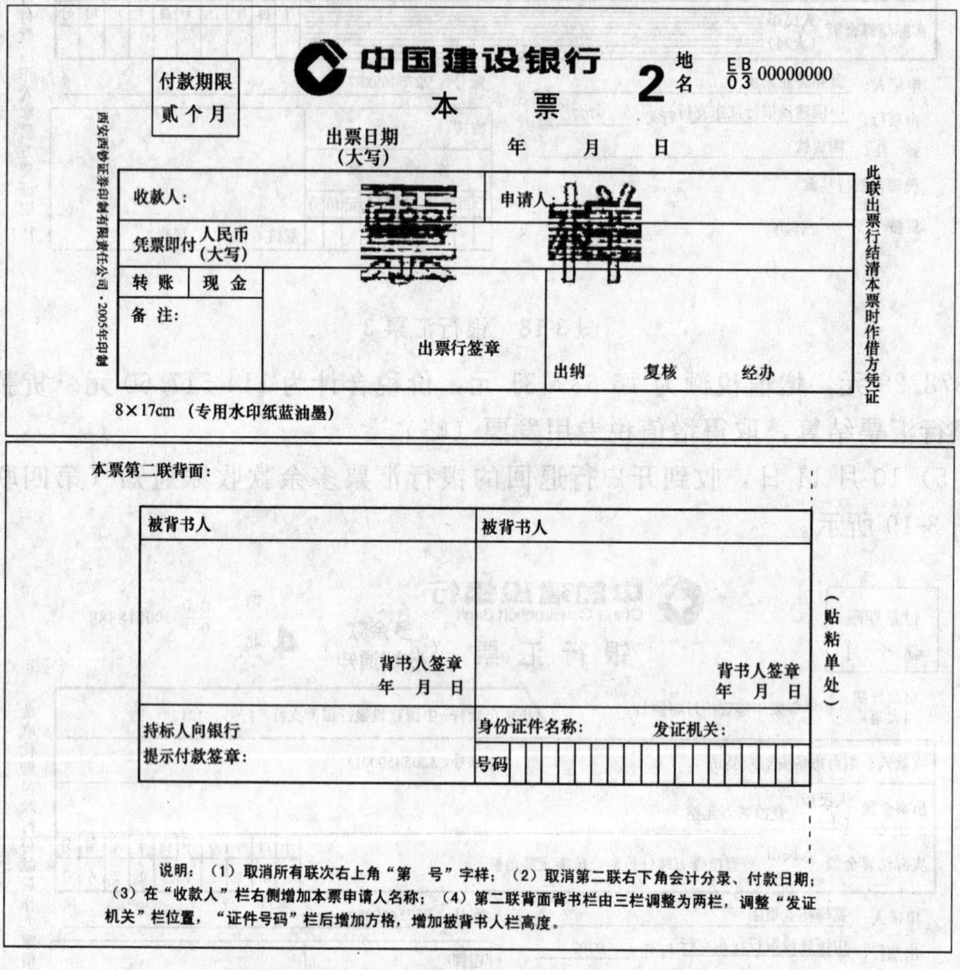

付款期限 贰个月

中国建设银行 本票 2 地名 EB/03 00000000

出票日期（大写） 年 月 日

收款人： 申请人：

凭票即付 人民币（大写）

转账 现金

备注：

出票行签章

出纳 复核 经办

此联出票行结清本票时作借方凭证

西安西钞证券印制有限责任公司·2005年印制

8×17cm（专用水印纸蓝油墨）

本票第二联背面：

被背书人	被背书人
背书人签章 年 月 日	背书人签章 年 月 日
持标人向银行 提示付款签章：	身份证件名称： 发证机关： 号码

（贴粘单处）

说明：（1）取消所有联次右上角“第 号”字样；（2）取消第二联右下角会计分录、付款日期；（3）在“收款人”栏右侧增加本票申请人名称；（4）第二联背面背书栏由三栏调整为两栏，调整“发证机关”栏位置，“证件号码”栏后增加方格，增加被背书人栏高度。

图 3-20 银行本票

2. 银行本票结算的基本规定

1）银行本票见票即付。

2）银行本票一律记名，允许背书转让。

3）银行本票付款期限为两个月，逾期兑付银行不予受理。

4）银行本票的金额起点为 100 元。

（三）银行本票的传递程序

使用银行本票办理银行结算业务，其传递程序及说明如图 3-21 所示。

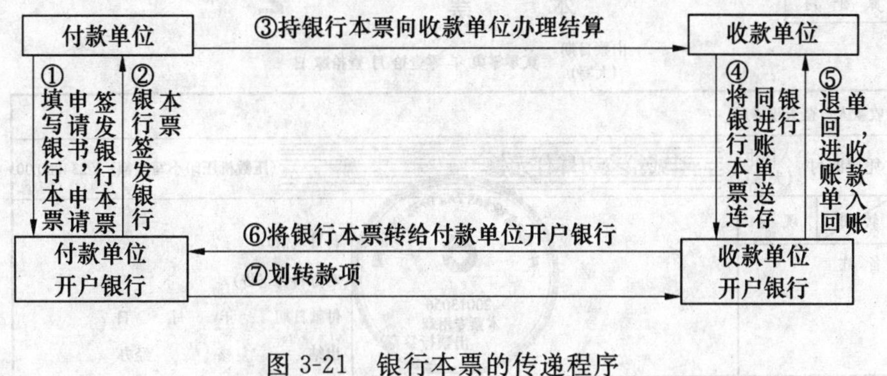

图 3-21 银行本票的传递程序

【例 3-4】2007 年 10 月 14 日，冀峰药业集团从本市蓝天设备厂购入设备一台，价款 20 000 元，增值税 3 400 元，共计款项 23 400 元，采用银行本票结算。其办理程序如下：

1）出纳员向签发银行填写一式三联的“银行本票申请书”，并将款项交存银行，收到银行退回的申请书存根联，如图 3-22 所示。

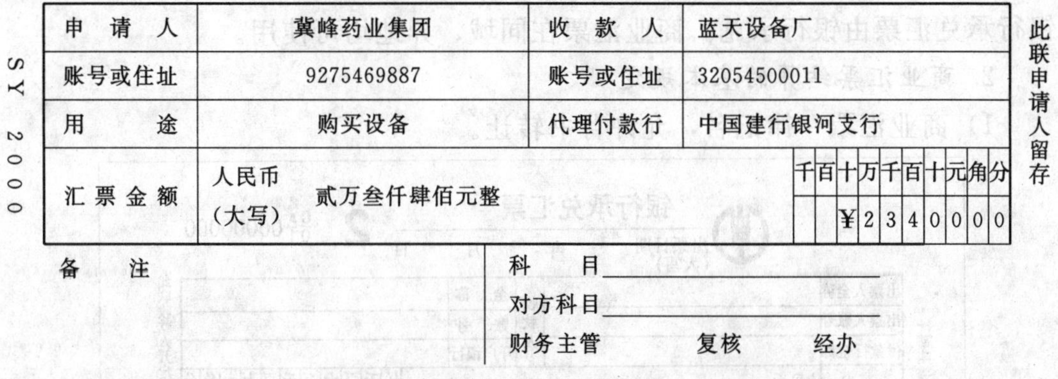

中国建设银行本票申请书（存根） 1 第 号

申请日期 2007 年 10 月 14 日

SY 2000

申请人	冀峰药业集团	收款人	蓝天设备厂
账号或住址	9275469887	账号或住址	32054500011
用途	购买设备	代理付款行	中国建行银河支行
汇票金额	人民币（大写） 贰万叁仟肆佰元整	千百十万千百十元角分	¥2340000

此联申请人留存

备注

科目 ______

对方科目 ______

财务主管 复核 经办

图 3-22 中国建设银行本票申请书（存根）

2）银行同意冀峰药业集团的申请后，即按申请金额签发银行本票，如图 3-23所示。

3）出纳根据银行本票申请书第一联编制记账凭证。

4）将银行签发的银行本票交给蓝天设备厂办理结算，同时取得增值税专用发票（略）。

5）会计人员根据增值税专用发票进行会计处理。

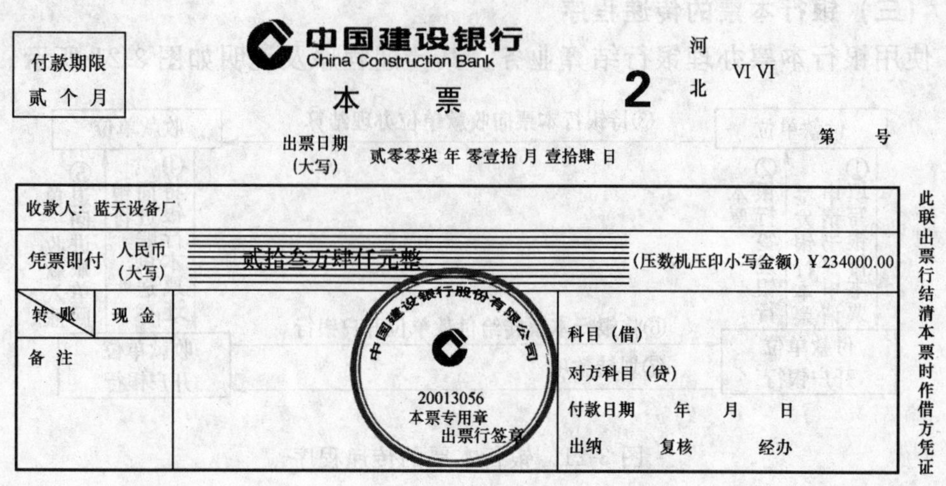

付款期限
贰 个 月

中国建设银行
China Construction Bank

本 票 2 河北 VI VI

出票日期（大写） 贰零零柒 年 零壹拾 月 壹拾肆 日 第 号

收款人：蓝天设备厂

凭票即付 人民币（大写） 贰拾叁万肆仟元整 （压数机压印小写金额）￥234000.00

转账 现金

备 注

中国建设银行股份有限公司 20013056 本票专用章 出票行签章

科目（借）
对方科目（贷）
付款日期 年 月 日
出纳 复核 经办

此联出票行结清本票时作借方凭证

图 3-23 银行本票

五、商业汇票的填制与传递

1. 商业汇票的含义

商业汇票是由收款人或付款人（或承兑申请人）签发，由承兑人承兑，并于到期日向收款人或背书人支付款项的票据。商业汇票按承兑人的不同分为商业承兑汇票和银行承兑汇票（见图 3-24）。商业承兑汇票由付款人承兑，银行承兑汇票由银行承兑。商业汇票在同城、异地均可使用。

2. 商业汇票结算的基本规定

1）商业汇票一律记名，允许背书转让。

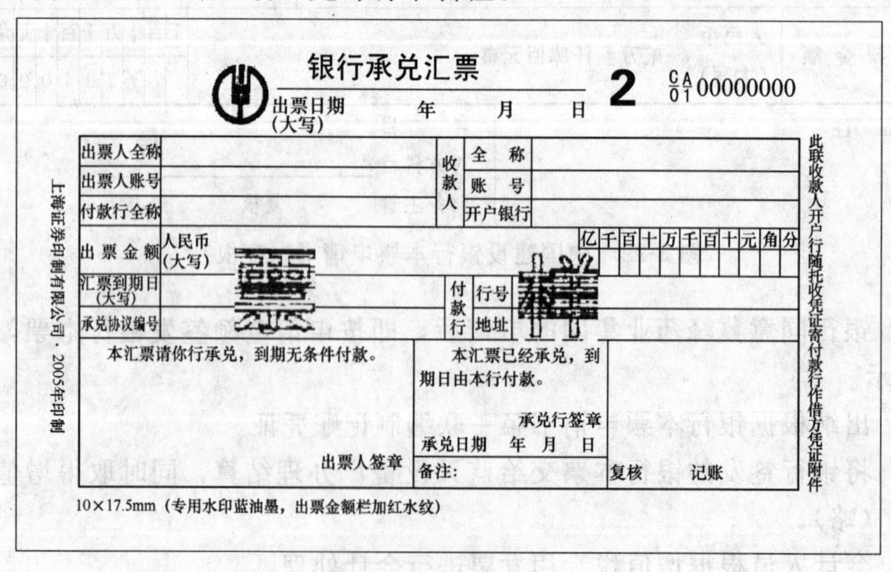

银行承兑汇票 2 $\frac{CA}{01}$00000000

出票日期（大写） 年 月 日

出票人全称		收款人	全 称	
出票人账号			账 号	
付款行全称			开户银行	
出 票 金 额	人民币（大写）			亿 千 百 十 万 千 百 十 元 角 分
汇票到期日（大写）		付款行	行号	
承兑协议编号			地址	
本汇票请你行承兑，到期无条件付款。 出票人签章		本汇票已经承兑，到期日由本行付款。 承兑行签章 承兑日期 年 月 日 备注：		复核 记账

上海证券印制有限公司 · 2005年印制

10×17.5mm（专用水印蓝油墨，出票金额栏加红水纹）

此联收款人开户行随托收凭证寄付款行作借方凭证附件

图 3-24 银行承兑汇票

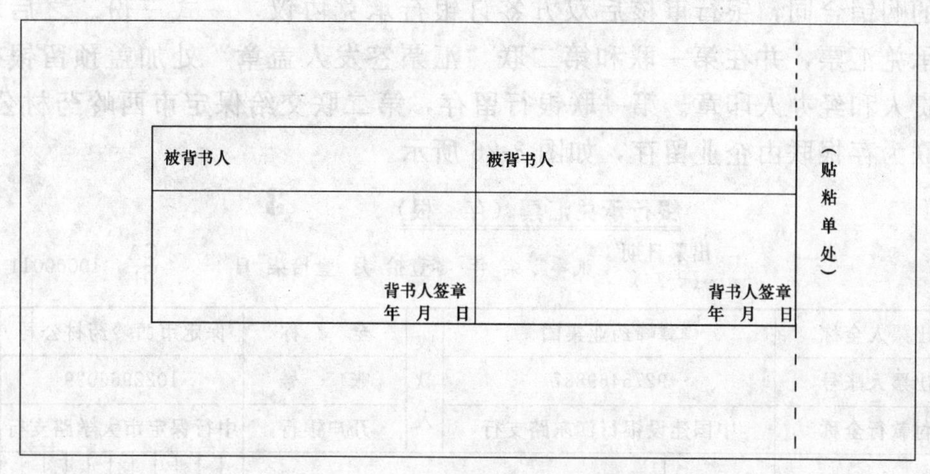

被背书人	被背书人
背书人签章 年 月 日	背书人签章 年 月 日

（贴粘单处）

图 3-24 银行承兑汇票（续）

2）商业汇票的承兑期限由交易双方商定，最长为 6 个月，到期付款。但未到期前，如需要资金，收款人可向银行申请贴现。

3）签发商业汇票应以商品交易为基础，禁止签发承兑、贴现无商品交易的商业汇票。

3. 商业汇票结算的传递程序

使用商业汇票办理结算业务，其传递程序及说明如图 3-25 所示。

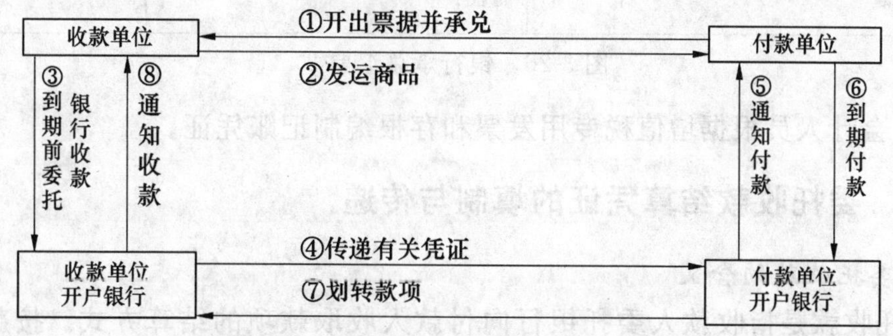

图 3-25 商业汇票的传递程序

【例 3-5】2007 年 10 月 17 日，冀峰药业集团从保定市西岭药材公司购入药材一批，合同约定采用银行承兑汇票结算，期限为一个月。

1）采购员按购销合同从保定市西岭药材公司购入药材，取得增值税发票（略）。发票上列明货款金额为 30 000 元，增值税税额为 5 100 元，款项合计为 35 100 元。

2）填写银行承兑汇票申请书一式三份，并向银行提交增值税发票和双方签订的购销合同，银行审核后双方签订银行承兑协议，一式三份。之后填写银行承兑汇票，并在第一联和第二联“汇票签发人盖章”处加盖预留银行印鉴负责人和经办人印章。第一联银行留存，第二联交给保定市西岭药材公司，第三联为存根联由企业留存，如图 3-26 所示。

银行承兑汇票（存　根）　　**3**

出票日期（大写）　贰零零柒 年 零壹拾 月 壹拾柒 日　　$\frac{CA}{01}$　10000011

<table>
<tr><td>出票人全称</td><td colspan="2">冀峰药业集团</td><td rowspan="3">收款人</td><td>全　称</td><td colspan="11">保定市西岭药材公司</td><td rowspan="6">此联由出票人存查</td></tr>
<tr><td>出票人账号</td><td colspan="2">9275469887</td><td>账　号</td><td colspan="11">1022966029</td></tr>
<tr><td>付款行全称</td><td colspan="2">中国建设银行江东路支行</td><td>开户银行</td><td colspan="11">中行保定市大学路支行</td></tr>
<tr><td rowspan="2">出票金额</td><td rowspan="2">人民币（大写）</td><td colspan="3" rowspan="2">叁万伍仟壹佰元整</td><td>亿</td><td>千</td><td>百</td><td>十</td><td>万</td><td>千</td><td>百</td><td>十</td><td>元</td><td>角</td><td>分</td></tr>
<tr><td></td><td></td><td></td><td>¥</td><td>3</td><td>5</td><td>1</td><td>0</td><td>0</td><td>0</td><td>0</td></tr>
<tr><td>汇票到期日（大写）</td><td colspan="2">贰零零柒年零壹拾壹月壹拾柒日</td><td rowspan="2">付款行</td><td>行号</td><td colspan="11">3100000017</td></tr>
<tr><td>承兑协议编号</td><td colspan="2">23299</td><td>地址</td><td colspan="11">石家庄市江东路</td></tr>
<tr><td colspan="3"></td><td colspan="3">备注：</td><td colspan="11"></td></tr>
</table>

图 3-26　银行承兑汇票 2

3）会计人员根据增值税专用发票和存根编制记账凭证。

六、委托收款结算凭证的填制与传递

1. 委托收款的含义

委托收款是指收款人委托银行向付款人收取款项的结算方式。按款项划回方式不同，委托收款可分为邮划（邮寄）和电划（电报）两种，由收款人自由选用。委托收款使用托收凭证，托收凭证一式五联，其中第一、二联如图 3-27 所示。

2. 委托收款结算的基本规定

1）委托收款不受金额起点限制，同城异地均可采用。

2）委托收款的付款期为三天，从付款人开户银行发出付款通知的次日起起算。

托收凭证（受理回单） 1

委托日期　　年　　月　　日

业务类型	委托收款（□邮划、□电划）		托收承付（□邮划、□电划）		
付款人	全称		收款人	全称	
	账号			账号	
	地址	省　市县　开户行		地址	省　市县　开户行
金额	人民币（大写）				亿千百十万千百十元角分
款项内容		托收凭据名称		附寄单证张数	
商品发运情况			合同名称号码		
备注： 复核　记账		款项收妥日期 年　月　日		收款人开户银行签章 年　月　日	

此联作收款人开户银行给收款人的受理回单

托收凭证（贷方凭证） 2

委托日期　　年　　月　　日

业务类型	委托收款（□邮划、□电划）		托收承付（□邮划、□电划）		
付款人	全称		收款人	全称	
	账号			账号	
	地址	省　市县　开户行		地址	省　市县　开户行
金额	人民币（大写）				亿千百十万千百十元角分
款项内容		托收凭据名称		附寄单证张数	
商品发运情况			合同名称号码		
备注： 复核　记账		款项收妥日期 年　月　日		收款人开户银行签章 年　月　日	

此联收款人开户银行作贷方凭证

图 3-27 托收凭证

3. 委托收款结算凭证的传递程序

使用委托收款结算方式办理业务，其传递程序及说明如图 3-28 所示。

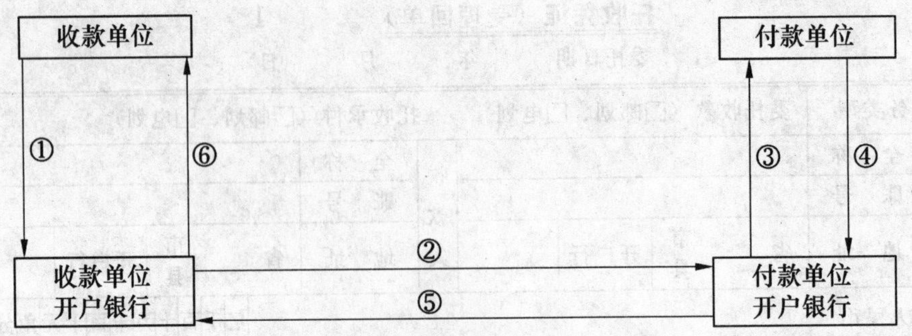

图 3-28　委托收款的传递程序

说明：① 签发托收凭证连同债务证明送银行办理托收，银行审查后退回托收凭证回单。② 传递委托收款凭证和有关单证。③ 送交单证，通知付款。④ 支付款项。⑤ 划转款项。⑥ 通知款已收到。

【例 3-6】2007 年 10 月 20 日，冀峰药业集团向市隆泰公司销售果维康 200 箱，售价42 000元，增值税 7 140 元，款项合计 49 140 元，已办妥委托收款手续。

1）出纳填写“托收凭证”一式五联，在第二联“收款人盖章”处加盖收款单位财务专用章后，一并交开户银行。银行退回第一联（受理回单）如图 3-29 所示。

托收凭证（受理回单）　　1

委托日期　2007 年　10 月　20 日

业务类型		委托收款（□邮划、☑电划）		托收承付（□邮划、□电划）				
付款人	全称	石家庄市隆泰公司			收款人	全称	冀峰药业集团	
	账号	9023888061				账号	9275469887	
	地址	河北省石家庄市	开户行	中国建行飞行路支行		地址	河北省石家庄市	开户行 中国建行江东路支行
金额	人民币（大写）	肆万玖仟壹佰肆拾元整					亿千百十万千百十元角分	￥4914000
款项内容	货款	托收凭据名称			附寄单证张数			
商品发运情况			合同名称号码					
备注： 复核　记账		款项收妥日期 年　月　日			收款人开户银行签章 年　月　日			

此联作收款人开户银行给收款人的受理回单

图 3-29　托收凭证（受理回单）

2）10 月 23 日，收到银行转来的收账通知（见图 3-30）时，进行相应的账务处理。

托收凭证 汇款依据或（受理回单） 4

委托日期 2007 年 10 月 20 日 | 付款期限 年 月 日

业务类型		委托收款（□邮划、☑电划）			托收承付（□邮划、□电划）			
付款人	全称	石家庄市隆泰公司			收款人	全称	冀峰药业集团	
	账号	9023888061				账号	9275469887	
	地址	河北省石家庄市	开户行	中国建行飞行路支行		地址	河北省石家庄市	开户行 中国建行江东路支行
金额	人民币（大写）	肆万玖仟壹佰肆拾元整						亿千百十万千百十元角分：¥4914000
款项内容	货款	托收凭据名称			附寄单证张数			
商品发运情况	发运				合同名称号码	11022		
备注： 复核 记账		上列款项已划回收入你方账户。 收款人开户银行签章 年 月 日						

此联作收款人开户银行给收款人的受理回单

图 3-30 托收凭证（收账通知）

七、汇兑结算凭证的填制与传递

1. 汇兑的含义

汇兑是汇款人委托银行将款项汇给外地收款人的结算方式。它适用于单位和个人支付各种款项给外地收款人的结算。根据凭证传递方式的不同，可分为信汇和电汇两种。信汇凭证的样式如图 3-31 所示。

××银行 **信汇凭证**（回 单） 1

委托日期 年 月 日

汇款人	全称		收款人	全称	
	账号			账号	
	汇出地点	省 市/县		汇入地点	省 市/县
金额	人民币（大写）				亿千百十万千百十元角分
汇出行签章			支付密码 附加信息及用途： 复核 记账		

此联作汇出行给汇款人的回单

图 3-31 信汇凭证

2. 汇兑结算的基本规定

1）汇兑结算不受金额起点的限制。

2）收款人如需支取现金，付款人在填制汇兑凭证时须在凭证“汇款金额”大写金额栏中填写“现金”字样。

3. 汇兑结算凭证的传递程序

使用汇兑结算方式办理结算业务，其传递程序及说明如图 3-32 所示。

图 3-32　汇兑的传递程序

说明：① 委托银行办理汇款。② 签发汇款回单。③ 划转款项。④ 通知汇款已到。

【例 3-7】2007 年 10 月 25 日，冀峰药业集团以电汇方式支付 9 月向东海市新兴公司购入药材的欠款 128 000 元。

1）填写电汇凭证一式四联，并在第二联“汇款人”盖章处加盖预留银行印鉴，然后到开户银行办理汇兑。

2）银行审核无误后，将电汇凭证第一联加盖“转讫”章后退回，如图3-33所示。

电汇凭证（回　　单）　　**1**

□普通　☑加急　　委托日期　2007 年　10 月　25 日

汇款人	全　　称	冀峰药业集团	收款人	全　　称	东海市新兴公司
	账　　号	9275469887		账　　号	9660021103
	汇出地点	河北省石家庄市/县		汇入地点	浙江省车田市/县
汇出行名称		中国建设银行江东路支行	汇入行名称		中国银行柳溪支行
金额	人民币（大写）	壹拾贰万捌仟元整			亿千百十万千百十元角分 ¥ 1 2 8 0 0 0 0 0
			支付密码		
			附加信息及用途：		
汇出行签章			复核：	记账：	

此联作汇出行给以汇款人的回单

图 3-33　电汇凭证（回单）

3）会计人员根据信汇凭证（回单）编制凭证。

八、托收承付结算凭证的填制与传递

1. 托收承付结算的含义

托收承付结算是指根据购销合同由收款人发货后委托银行向异地购货单位收取货款，购货单位根据合同核对单证或验货后，向银行承认付款的一种结算方式。托收承付结算方式只适用于异地订有经济合同的商品交易的结算。托收承付结算使用的托收凭证，如图 3-27 所示。

2. 托收承付结算的基本规定

1）使用托收承付结算方式的收款单位和付款单位，国家有严格的限制，如必须是国有企业。

2）办理托收承付结算的款项，必须是商品交易以及因商品交易产生的劳务供应款项。

3）收款人办理托收，必须具有商品确已发运的证明（包括铁路、航运、公路等运输部门签发的运单、运单副本和邮局包裹回执）。

4）其他。

3. 托收承付结算凭证的传递程序

使用托收承付结算方式办理结算业务，其传递程序及说明如图 3-34 所示。

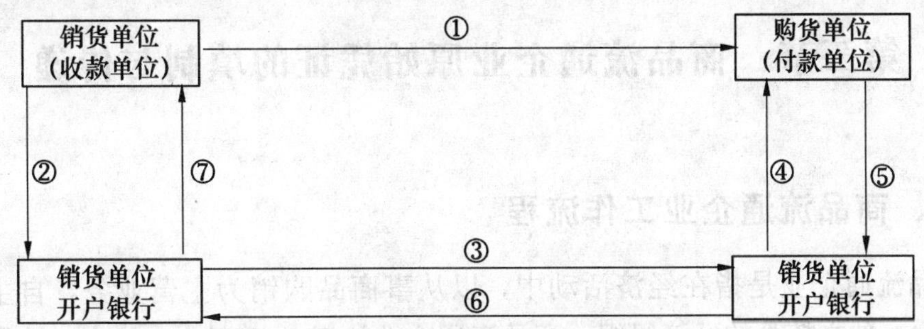

图 3-34　托收承付结算的传递程序

说明：① 按合同发货。② 签发托收凭证，连同附件送银行办理托收。银行审查后退回托收凭证回单。③ 传递托收凭证。④ 通知承付。⑤ 同意承付。⑥ 划转货款。⑦ 通知货款已收妥入账。

九、信用卡结算凭证的填制与传递

1. 信用卡的含义

信用卡是指由银行或专营机构签发，可在约定银行或部门存取现金、购买商品及支付劳务报酬的一种信用凭证。持卡人可在同城和异地凭卡支取现金、转账结算和消费。信用卡按持卡人的不同可分为单位卡和个人卡。

2. 单位信用卡结算的基本规定

1）单位卡账户的资金一律从其基本存款账户转账存入，不得交存现金，不得将销货收入的款项存入其账户。

2）单位卡不得用于100 000元以上的商品交易、劳务供应款项的结算。

3）单位卡一律不得支取现金。

3. 单位信用卡结算凭证的传递程序

使用信用卡结算方式办理结算业务，其传递程序及说明如图3-35所示。

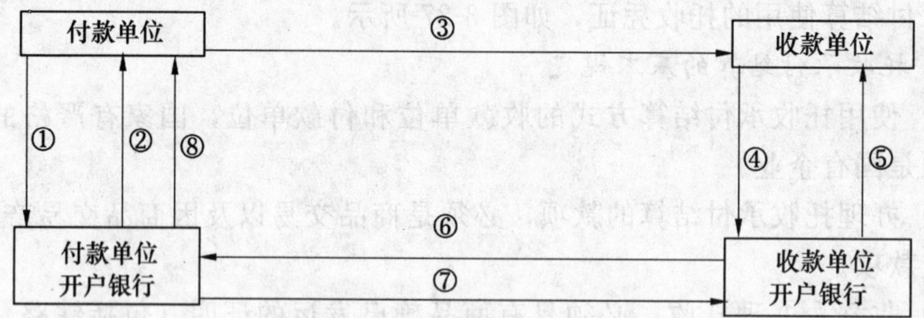

图3-35 信用卡结算传递程序

说明：① 填写信用卡申请表，连同支票送交银行。② 签信用卡。③ 持卡办理款项结算。④ 填写进账单，连同信用卡签购单送交银行办理。⑤ 收款入账。⑥ 传递凭证。⑦ 划转款项。⑧ 通知款已支付。

第三节 商品流通企业原始凭证的填制与传递

一、商品流通企业工作流程

商品流通企业是指在经济活动中，以从事商品购销为主营业务，自主经营、自负盈亏、独立核算的经济组织。商品流通企业一般包括商业、粮食、物资供销、对外贸易、医药商业、石油专卖、烟草专卖、供销合作社和图书音像等企业。

商品流通企业的主要经营过程包括购进、仓储和销售三个环节。商品批发行业的主要业务流程如图3-36所示。

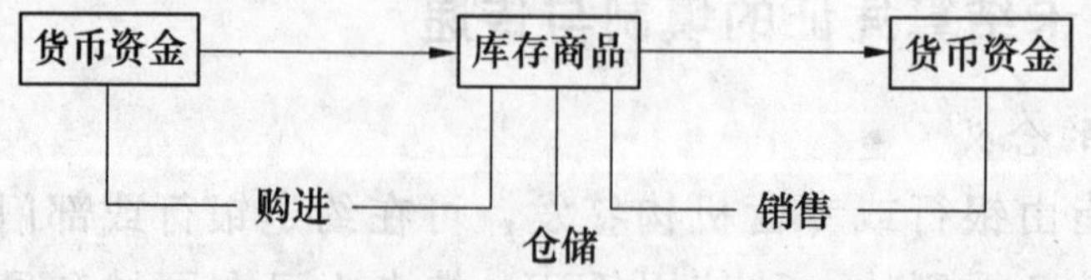

图3-36 商品流通企业主要业务流程

想一想：商品流通企业在购、销、存环节需要填制哪些原始凭证？原始凭证是如何传递的？

二、购进环节原始凭证的填制与传递

购进环节是商业企业日常业务的主要环节，该环节的主要任务是购进商品。企业供应部门与供货单位签订购销合同，合同一般一式三份，供货单位、业务部门和财务部门各留一份。供应部门根据合同购进商品后，从供货单位取得增值税专用发票，将发票与合同核对相符后，填制收货单，一般一式多联，存根联留存供应部门备查；收货联由仓库作为验收商品和登记商品保管账的凭据；结算联由财会部门凭以结算货款。该环节主要的原始凭证有从供货单位取得的发票和自制的收货单，其传递程序如图 3-37 所示。

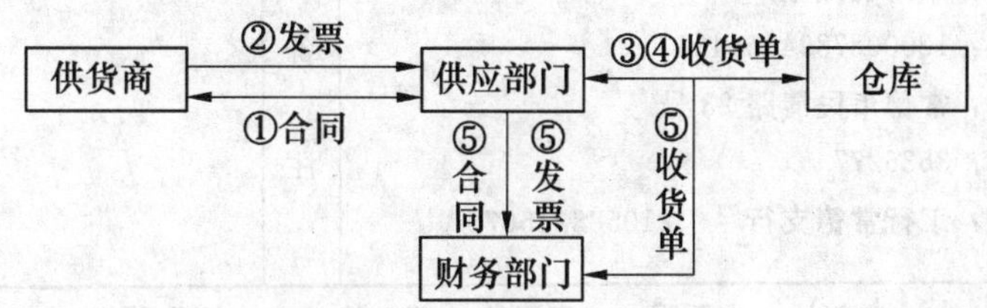

图 3-37　购进环节原始凭证传递程序

说明：① 签订合同。② 供应部门取得外来凭证，即购货发票。③ 供应部门填制收货单一式四联。④ 仓库检验货物并在收货单上签字。⑤ 由供应部门将收货单连同发票、合同一并传递给财务部门。

下面以晋安商贸有限公司 2007 年 7 月份发生的业务为例，说明购进环节主要是原始凭证的填制。假设晋安商贸有限公司为增值税一般纳税人。

【例 3-8】2007 年 7 月 1 日，收到开户银行转来湖南羽绒服厂的托收承付凭证付款通知联（略），金额为 174 762 元，附来专用发票和运费单据。专用发票开列男羽绒服 250 件，每件 241.20 元；女羽绒服 400 件，每件 220.75 元；增值税率为 17%，增值税额为 25 262 元。运费单据开列运费 900 元，当即承付。

该项业务发生后，收到湖南羽绒服厂开来的增值税专用发票发票联和运费发票，如图 3-38、图 3-39 所示。经过审核，作为会计入账的依据。由供应部门袁杰将发票和合同核对后填制“收货单”一式三联如图 3-40 所示。该凭证一式三联，填制时套写，实收数量由仓库收货人王刚验收货物后如实填写。填制完成后，供应部门留存根，仓库留收货联，结算联传递给财务部门。

湖南省增值税专用发票

No 00113895

发票联　　开票日期：2007年7月5日

购货单位	名　　称：晋安商贸有限公司 纳税人识别号：310110125076144 地　　址：太原小店区并州路125号 开户行及账号：工行大营盘支行　110105213			密码区			
货物或应税劳务名称	规格型号	单位	数量	单价	金额	税率	税额
男羽绒服		件	250	241.20	60 300.00	17%	10 251.00
女羽绒服		件	400	220.75	88 300.00	17%	15 011.00
合　计					¥148 600.00		¥25 262.00
价税合计（大写）	壹拾柒万叁仟捌佰陆拾贰元整				（小写）¥173 862.00		
销货单位	名　　称：湖南羽绒服厂 纳税人识别号：120008789456446 地　　址：常德市民清路23号 电　　话：3536277 开户行及账号：工行常德支行　210583215678			备注			

第二联：发票联　购货方记账凭证

收款人：张　红　　复核：牛国强　　开票人：薛　峰　　销货单位：（章）

图3-38　增值税专用发票

公路、内河货物运输统一发票

发　票　联

开票日期：2007年6月26日　　编号：312751

收货人及纳税人识别号	晋安商贸有限公司 31011025076114	承运人纳税人识别号	湖南运输公司 21000236415468
发货人及纳税人识别号	湖南羽绒服厂	主管税务机关及代码	
运输项目及金额	运费900.00	其他项目及金额	
运费小计 合计（大写）	¥900.00 玖佰元整	其他费用小计（小写）	

第二联　发票联

运输单位盖章　　开票人：李　华

图3-39　货物运输统一发票

相关链接

增值税发票的开具

增值税专用发票持卡开票，由基本联次或者基本联次附加其他联次构成。基本联次为三联：发票联、抵扣联和记账联。第一联为抵扣联，作为购买方抵扣税款的凭证；第二联为发票联，作为购买方核算采购成本和增值税进项税额的凭证；第三联为记账联，作为销售方核算销售收入和增值税销项税额的凭证。其他联次用途，由一般纳税人自行确定。

收 货 单

编号：87560

供货单位：湖南羽绒服厂　　2007 年 7 月 1 日　　存放地点：批发部仓库

货 号	品 名	规 格	单 位	应收数量	实收数量	单 价	金 额
120	男羽绒服		件	250	250	241.20	60 300.00
134	女羽绒服		件	400	400	220.75	88 300.00
合 计							148 600.00
商品类别：服装类							

结算联

填 制：袁 杰　　收货人：王 刚

图 3-40 收货单

想一想： 仔细观察下面的普通发票（见图 3-41），试归纳出其业务内容。

山西省太原市工业销售普通发票

发 票 联　　No00344001

2007 年 7 月 24 日

购货单位	名称：晋安商贸有限公司			纳税人识别号	310110125076144
品 名	规格型号	单 位	数 量	单 价	金 额
印刷品	A4	份	11 000	0.10	1 100.00
印刷品	A3	份	11 000	0.13	1 430.00
合计			￥22 000		￥2 530.00
合计（大写）	贰仟伍佰叁拾元整				（小写）￥2 530.00
销货单位	名称：太原市裕兴盛达印业有限公司			纳税人识别号	140105748596027

二联 发票联 购货方记账凭证

收款人：张 力　　复 核：吴 强　　开票人：李 峰　　销货单位 发票专用章

图 3-41 普通发票

三、仓储环节原始凭证的填制与传递

批发企业储存的大量商品是保证市场供应、满足生产和人民生活需要的物质基础。但是，这些商品在储存过程中，由于自然条件或人为原因，可能会引起商品数量上的短缺或溢余以及质量上的变化。因此，要进行定期和不定期盘点。

通过盘点，清查商品在数量上有无短缺、损耗和溢余，在质量上有无残次、损坏和变质等情况。盘点以后，由保管人员负责填制一式两联的“商品盘存表”，详细填列商品名称、规格、单价及实有数量，并由盘点人员和实物保管人员分别签字盖章，根据盘存表上实有数与库存商品账面数核对，如果有差异，还需要编制“商品盘点短缺溢余报告单”一式两联，其中一联留仓库备查，另一联转交财会部门，财会部门据以将商品短缺或溢余的金额分别转入有关账户，以做到账实相符。等查明原因后，再区别情况转入其他相关账户。该环节原始凭证的传递如图 3-42 所示。

图 3-42　仓储环节原始凭证传递程序

说明：① 仓库验货后，收到收货单。② 定期、不定期盘点商品，填制商品盘存单和商品盘点溢缺报告单，传递给财务部门。

【例 3-9】2007 年 7 月 29 日，服装仓库对库存商品进行了盘点，盘点结果发现男羽绒服盘点数为 124 件，而库存账面结存数为 125 件，短缺 1 件。

该项业务发生后，由仓库管理人员王刚填制原始凭证“商品盘存表”（见图 3-43）和“商品盘点溢缺报告单”（见图 3-44）。

商品盘存表

2007 年 7 月 29 日　　编号：07071

商品类别：服装类　　存放地点：2 号仓库

货　号	名　称	计量单位	数　量	单　价	金　额	备　注
120	男羽绒服	件	124	241.20	29 908.80	
134	女羽绒服	件	200	220.75	44 150.00	
156	男夹克	件	150	200.00	30 000.00	

盘点人：李爱平　　保管人：王　刚

图 3-43　商品盘存表

商品盘点短缺溢余报告单

仓库：服装类　　　　2007 年 7 月 29 日　　　　编号：0376

货号	名称	单位	实有数	账存数	单价	短缺		溢余	
						数量	金额	数量	金额
120	男羽绒服	件	124	125	241.20	1	241.20		
合计									
	溢缺原因		计量错误			处理意见		做管理费用处理	

制　表：张　强　　　　复　核：孙艳梅

图 3-44　商品盘点溢缺报告单

四、销售环节原始凭证的填制与传递

商业企业的批发销售环节，是将库存商品销售给生产单位、零售商场以及其他一些服务行业。销售部门与客户之间要签订合同，根据购销合同填制增值税专用发票，留下存根联，其余各联转交仓库。仓库发货后在相关联上签章，其中一联仓库留存，一联转交财务部门，财务部门根据转来的增值税专用发票记账联做销售入账，并根据合同规定与对方办理结算，其余两联交购货单位。增值税专用发票是销售环节的重要原始凭证，其传递程序如图3-45所示。

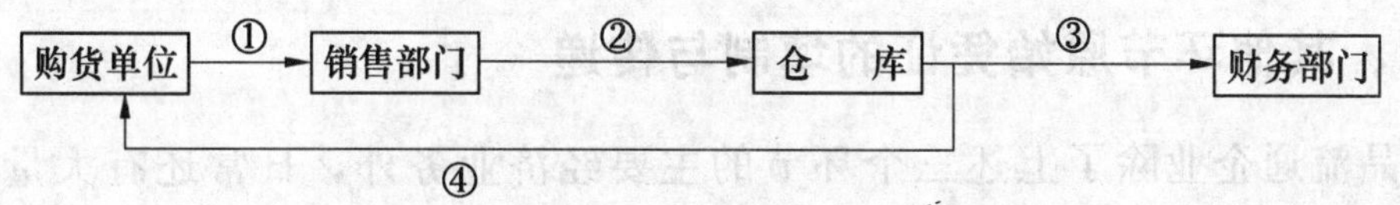

图 3-45　销售环节原始凭证传递程序

说明：① 与购货方签订合同。② 根据合同填写增值税专用发票，留存根联，其余各联转送仓库。③ 仓库根据发票发货后签章，将记账联传递给财务部门。④ 仓库发货后将增值税专用发票的发票联和税款抵扣联交购货方。

【例 3-10】2007 年 7 月 5 日，销售部门根据合同销售给天龙商场男呢大衣 120 件，每件 315 元；女呢大衣 100 件，每件 285 元；女羽绒服 200 件，每件 240 元。

该项业务发生后，由销售部门有关人员填制增值税专用发票（见图 3-46）。其格式同图 3-38 完全相同，只是填制单位不同。

山西省增值税专用发票

此联不作报销、扣税凭证使用　　编号：237751

开票日期：2007 年 7 月 5 日

<table>
<tr><td>购货单位</td><td colspan="4">名　　称：天龙商场
纳税人识别号：610110125076144
地　　址：太原市迎泽街
电　　话：03514078228
开户行及账号：工行迎泽支行　110105213</td><td>密码区</td><td colspan="3"></td></tr>
<tr><td>货物或应税劳务名称</td><td>规格型号</td><td>单位</td><td>数量</td><td>单价</td><td>金额</td><td>税率</td><td>税额</td><td></td></tr>
<tr><td>男呢大衣</td><td></td><td>件</td><td>120</td><td>315.00</td><td>37 800.00</td><td>17%</td><td>6 426.00</td><td></td></tr>
<tr><td>女呢大衣</td><td></td><td>件</td><td>100</td><td>285.00</td><td>28 500.00</td><td>17%</td><td>4 845.00</td><td></td></tr>
<tr><td>女羽绒服</td><td></td><td>件</td><td>200</td><td>240.00</td><td>48 000.00</td><td>17%</td><td>8 160.00</td><td></td></tr>
<tr><td>合计</td><td></td><td></td><td></td><td></td><td>￥114 300.00</td><td></td><td>￥19 431.00</td><td></td></tr>
<tr><td>价税合计（大写）</td><td colspan="8">壹拾叁万叁仟柒佰叁拾壹元整　（小写）￥133 731.00</td></tr>
<tr><td>销货单位</td><td colspan="4">名　　称：晋安商贸有限公司
纳税人识别号：310110125076144
地　　址：太原小店区并州路 125 号
电　　话：03517078228
开户行及账号：工行大营盘支　110105213</td><td>备注</td><td colspan="3"></td></tr>
</table>

第三联　记账联　销货方记账凭证

收款人：乔鹏飞　复核：张俊红　开票人：刘　非　销货单位盖章：

图 3-46　增值税专用发票

五、其他环节原始凭证的填制与传递

商品流通企业除了上述三个环节的主要经济业务外，日常还有大量的其他业务发生，也需要填制原始凭证。以下列示几种常见的原始凭证。

1. 借款单

借款单是企业各部门或职工个人从单位预借款项的一种自制原始凭证。用款部门或个人根据业务需要，经过领导批准填制借款单，有关领导审核批准后送交财会部门办理借款手续；财会部门审核无误后予以支付现金；借款人归还借款时，财会部门将回执退给借款人。

【例 3-11】2007 年 6 月 30 日，采购员周伟去深圳出差，预借差旅费 1 500 元，以现金付讫。填制借款单如图 3-47 所示。

借 款 单

2007 年 6 月 30 日　　编号：00621

<table>
<tr><td colspan="10">借款单位：周伟</td></tr>
<tr><td colspan="10">借款理由：赴深圳采购商品</td></tr>
<tr><td colspan="8">借款金额：人民币（大写）壹仟伍佰元整</td><td colspan="2">¥1500.00</td></tr>
<tr><td colspan="10">预计归还日期：2007 年 7 月 10 日</td></tr>
<tr><td>会计主管</td><td></td><td>记账</td><td></td><td>出纳</td><td>苏玲</td><td>部门主管</td><td>杨丽芳</td><td>申请人</td><td>周伟</td><td>借款人</td><td>周伟</td></tr>
</table>

图 3-47　借款单

2. 差旅费报销单

差旅费报销单是单位职工因公务出差，返回单位后报销差旅费的一种自制原始凭证。报销单为单联式，由报销人填制，如图 3-48 所示。

【例 3-12】2007 年 7 月 10 日，采购员周伟出差回来，报销差旅费 1 300 元。其中火车票 2 张，计 900 元，住宿费 200 元，市内车费 50 元，其他 50 元，出差 10 天，每天补助 10 元。原出差借款 1 500 元，余款退回。周伟填制差旅费报销单如图 3-48 所示。

差旅费报销单

单位名称：晋安商贸有限公司　　出差起止日期由　　2007 年 7 月 1 日至 2007 年 7 月 10 日

<table>
<tr><td colspan="4">出差人姓名</td><td colspan="4">周伟</td><td colspan="3">出差地点</td><td>深圳</td><td colspan="2">出差天数</td><td>10</td><td>事由</td><td>采购</td></tr>
<tr><td colspan="4">出发地</td><td colspan="4">到达地</td><td colspan="3">公出补助</td><td rowspan="2">车船飞机费</td><td rowspan="2">卧铺</td><td rowspan="2">住宿费</td><td rowspan="2">市内车费</td><td rowspan="2">其他</td><td rowspan="2">合计金额</td></tr>
<tr><td>月</td><td>日</td><td>时</td><td>地点</td><td>月</td><td>日</td><td>时</td><td>地点</td><td>天数</td><td>标准</td><td>金额</td></tr>
<tr><td>7</td><td>1</td><td></td><td>太原</td><td>7</td><td>10</td><td></td><td>深圳</td><td>10</td><td>10</td><td>100</td><td>900</td><td></td><td>200</td><td>50</td><td>50</td><td>1 300</td></tr>
<tr><td></td><td></td><td></td><td></td><td></td><td></td><td></td><td></td><td></td><td></td><td></td><td></td><td></td><td></td><td></td><td></td><td></td></tr>
<tr><td colspan="17">合计人民币（大写）　壹仟叁佰元整</td></tr>
<tr><td colspan="8">备　注</td><td colspan="9"></td></tr>
</table>

单位领导：田大仓　　财会主管：王　力　　公出人姓名：周　伟　　审核人：杨丽芳

图 3-48　差旅费报销单

3. 收据

收据是由收款单位填制的作为单位内部使用的非正式票据。收据一般一式三联：第一联为存根联，开具单位留存；第二联为收据联，交给付款人；第三联为记账联，作为本单位记账的依据。

【例 3-13】2007 年 7 月 10 日，采购员周伟报销差旅费，冲销其借款，还需退回现金 200 元。财务科收到退款后，给周伟开具收据如图 3-49 所示。

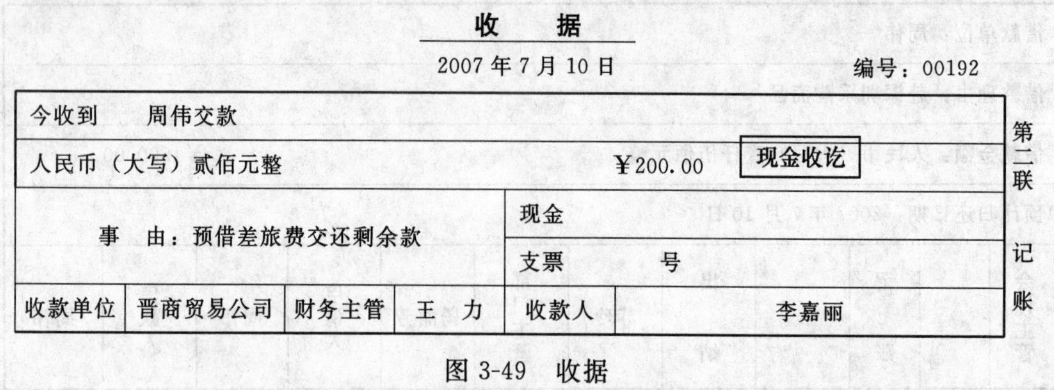
收　据

2007 年 7 月 10 日　　　　编号：00192

今收到	周伟交款					第二联 记账
人民币（大写）贰佰元整				¥200.00	现金收讫	
事　由：预借差旅费交还剩余款				现金		
				支票　　号		
收款单位	晋商贸易公司	财务主管	王　力	收款人	李嘉丽	

图 3-49　收据

第四节　制造业原始凭证的填制与传递

一、制造业工作流程

制造业是指依法自主经营、自负盈亏、独立核算的生产经营单位。制造业的基本经济业务按其与生产经营过程及经营资金运动的关系来划分，主要包括物资采购环节、产品生产环节、产品销售环节以及与之相关的其他环节。其主要业务流程如图 3-50 所示。

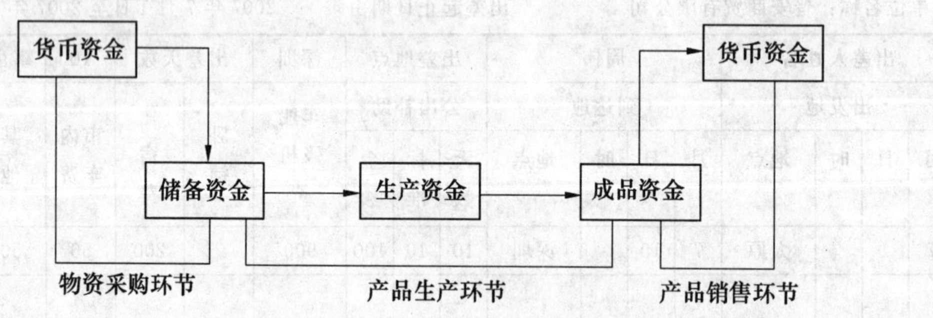

图 3-50　制造业主要业务流程

想一想：制造业在经营过程中需要填制哪些原始凭证？又是如何传递的？

二、购进环节原始凭证的填制与传递

在物资采购环节，主要的原始凭证包括购进材料从供应单位取得的增值税专用发票，以及材料验收入库的收料单，这两种原始凭证的填制与传递同商品流通企业购进环节相似。

【例 3-14】2007 年 7 月 7 日，太原融智股份有限公司向北京东方电脑控制公司采购的 100 台 2＃外购半成品到货，货已验收入库，增值税专用发票列示价款为 310 000.00 元，增值税额为 52 700.00 元。另运费发票列示运杂费为 780 元。

该业务发生后从供应单位取得增值税专用发票（略）和从承运部门取得运费发票（略），然后由供应部门填制收料单，如图 3-51 所示。

收　料　单

2007 年 7 月 7 日

供货单位：北京东方电脑控制公司　　　　编号：2583

材料类别	名称规格	计量单位	数量		实际价格				备注
			应收	实收	单价	发票金额	运杂费	合计	
外购半成品	2＃	台	100	100	3 100.00	310 000.00	780.00	310 780.00	
合　计								￥310 780.00	

第三联 记账联

采购员：王　洪　　检验员：李　荣　　记账员：董　芳　　保管员：王永和

图 3-51　收料单

三、生产环节原始凭证的填制与传递

生产环节是制造业中最为复杂的环节，涉及的原始凭证很多，下面介绍一些主要的原始凭证，如领料单、产成品入库单。该环节主要原始凭证的传递程序如图 3-52 所示。

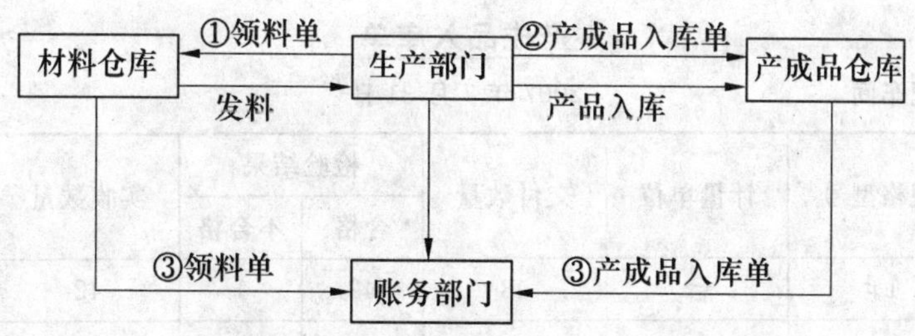

图 3-52　生产环节原始凭证传递程序

说明：① 生产部门根据需要填制一式三联的领料单，送仓库领料，仓库据此发料并签章。② 生产部门生产的产品完工后，填一式三联产成品入库单连同产品交库，仓库验收后签章收货。③ 仓库将领料单和产成品入库单的记账联送交财务科记账。

1. 领料单

领料单是企业内部使用材料的部门在领用材料时填制的一种自制原始凭

证。领料单由领料单位填制，一般一单一料，一式三联：一联领料部门留存；一联仓库发料；一联交给财务部门记账。

【例 3-15】2007 年 7 月 8 日，一车间领用 2＃半成品用于产品生产，填制领料单如图 3-53 所示。

领 料 单

领用部门：一车间　　2007 年 7 月 8 日　　编号：110854

用　途：产品生产　　仓库：2 号仓库

材料编号	材料名称	规　格	计量单位	数量		单　价	金　额	备　注
				请　领	实　发			
	半成品	2＃	台	50	50	3 107.80	155 390.00	
合　计							¥155 390.00	

供应单位：北京东方电脑控制公司　　保管员：王永和　　领料人：沈　达

图 3-53　领料单

2. 产品入库单

产品入库单是生产部门将完工产品交库时填制的一种原始凭证。产品入库单由生产部门填制，一般一式三联：一联生产部门备查；一联仓库据以验收产品；一联交给财务部门记账。

【例 3-16】2007 年 7 月 31 日，装配车间生产完工刺绣机 1＃43 台、刺绣机 2＃42 台，交仓库验收，填制产品入库单如图 3-54 所示。

产成品入库单

交库单位：装配车间　　2007 年 7 月 31 日　　编号：569

产品名称	规格型号	计量单位	交付数量	检验结果		实收数量	金　额
				合格	不合格		
刺绣机	1＃	台	43	42	1	42	
刺绣机	2＃	台	42	42		42	

质量检验：王　红　　生产车间经手人：杨　风　　仓库经手人：董　远

图 3-54　产成品入库单

四、销售环节原始凭证的填制与传递

销售环节是制造业经营过程的最后阶段，该过程主要的原始凭证有销售部门填制的增值税专用发票和产品出库单，增值税专用发票的格式如图 3-38 所示，产品出库单的格式如图 3-55 所示。

产成品出库单

用途：对外销售　　2007 年 7 月 31 日　　编号：210

产品名称	规格型号	计量单位	出库数量	单位成本	总成本	附注：
刺绣机	1#	台	10	1 980	19 800	
刺绣机	2#	台	5	2 000	10 000	

财务：董　芳　　销售经手人：王　华　　仓库经手人：董　远

图 3-55　产成品出库单

制造业在仓储和其他环节需填制的原始凭证与流通企业基本相同。因此，这里不再列示。

第五节　原始凭证的审核

一、原始凭证审核的意义

原始凭证是在业务发生时填制或取得的，种类繁多、来源复杂、格式各异。另外，由于经办人员水平不一或其他原因，导致原始凭证可能会有伪造、虚假、错误等情况存在。因此，原始凭证传递到财务部门后，必须指定专人进行审核和核对。如不做好审核工作，必将影响会计工作的质量，影响会计信息的真实性和可靠性。审核原始凭证不但是保证会计资料真实可靠的重要措施，而且是发挥会计监督作用的重要手段。

二、原始凭证审核的内容

原始凭证的审核主要包括以下 3 个方面的内容：

1. 原始凭证的合法性和合理性

对原始凭证进行审核时，应以财经政策法令、规章制度、企业计划、预算和合同为依据，进行合法性和合理性的审核。如审核原始凭证中反映的经济业务有无违反财经政策法令、规章制度，是否按计划、预算办事，是否符合成本开支范围，是否贯彻增产节约及增收节支的原则，有无贪污盗窃、虚报冒领、假造凭证的行为。

2. 原始凭证的完整性

审核原始凭证上所填写的经济业务是否符合实际情况，凭证必须具备的基本内容是否齐全。例如，经济业务的内容摘要、数量、单价、金额和日期是否填写齐全，文字是否清楚、手续是否完备，是否有相关人员的签章。对于内容不完整，手续、签章不够齐全的原始凭证，应退回给有关部门和经办人进行更正或补办手续。

3. 原始凭证的正确性

原始凭证填写的数量、单价和金额等数据都必须清楚且计算正确，要特别注意小计、合计的加总是否正确，数字的大小写是否正确、一致。如发现不正确的原始凭证，要将其退回经办部门或经办人更正或重新填写。

想一想：对于内容不齐全的原始凭证和金额错误的原始凭证，其处理方法有何不同?

三、原始凭证容易出现的错弊

1）内容记载含糊不清，或故意掩盖事实真相，进行贪污作弊。

2）单位抬头不是本单位。

3）数量、单价与金额不符。

4）无收款单位签章。

5）开具阴阳发票，进行贪污作弊。

6）在整理和粘贴原始凭证的过程中作弊。

7）模仿领导笔迹签字冒领。

8）涂改原始凭证上的时间、数量、单价、金额或添加内容和金额。

四、原始凭证审核举例

【例 3-17】2007 年 7 月 20 日，太原融智股份有限公司销售给华夏商场刺绣机 1＃20 台，收到对方开出并承兑的商业汇票一张。开具的增值税专用发票和收到的商业承兑汇票的格式分别如图 3-56 和图 3-57 所示。

山西省增值税专用发票

此联不作报销、扣税凭证使用　　　　编号：237751

开票日期：　　年　月　日

购货单位	名　　称：华夏商场 纳税人识别号： 地　　址：太原市迎泽街 电　　话：0351-4078228 开户行及账号：工行迎泽支行　110105213				密码区		
货物或应税劳务名称	规格型号	单位	数量	单价	金额	税率	税额
刺绣机	1#				50 000.00	17%	8 500.00
合计					￥50 000.00		￥8 500.00
价税合计人民币（大写）	⊗拾伍万　仟　佰　拾　元　角　分					（小写）	￥50 000.00
销货单位	名　　称：太原融智股份有限公司 纳税人识别号：310110125076144 地　　址：太原小店区并州路125号 电　　话：03517078228 开户行及账号：工行大营盘支　110105213				备注		

第三联　记账联　销货方记账凭证

图 3-56　增值税专用发票

商业承兑汇票

签发日期　2007年7月20日

第0256号

付款人	全　称	华夏商场		收款人	全　称	太原融智股份有限公司	
	账　号	6080001117			账　号	110105213	
	开户银行	工行迎泽支行	行号		开户银行	工行大营盘支行	行号
汇票金额	人民币（大写）	伍万捌仟伍佰元整				58 500.00	
汇票到期日	2007年9月20日				交易合同号码	070720	
本汇票已经本单位承兑，到期日无条件付款。 此致 收款人 付款人盖章 负责　经办　2007年7月20日				汇票签发人盖章 负责　经办			

图 3-57　商业承兑汇票

经审核发现，增值税专用发票存在填写不完整和计算不正确的问题：① 没有填写开票日期。② 没有填写购货单位纳税人识别号。③ 没有有关人员的签字、盖章。④ 缺少发票专用章。⑤ 金额计算错误，价税合计应该为58 500元。⑥ 没有填写单位、数量和单价。

经审核发现商业汇票存在不完整和书写上的错误：①在商业承兑汇票中缺少付款单位和汇票签发人的财务专用章以及付款单位和汇票签发单位的负责人和经办人的签名。②汇票到期日书写错误，应该是：贰零零柒年零玖月零贰拾日。

《会计法》规定，只有经过审核的原始凭证才能成为记账的依据。会计机构、会计人员应当按照国家统一会计制度的规定对原始凭证进行审核，对不真实、不合法的原始凭证有权不予接受，并向单位负责人报告，查明原因，追究当事人的责任；对记载不准确、不完整的原始凭证予以退回，并要求经办人按照国家统一会计制度的规定更正、补充。

以上原始凭证存在的问题严重，财务人员不应受理，应退回经办人重新填制。

本章小结

原始凭证的填制和审核是会计工作流程的第一个环节，它是企业经济业务发生或完成的证明。实际工作中，原始凭证多种多样，但其基本内容是相同的，客观、真实、正确是原始凭证填制的基本要求。在企业与银行结算中可采用不同的结算方式，涉及到各种票据的填制与传递。不同的票据有不同的内容，凭证要素必须填写齐全、正确；对外来的原始凭证要进行认真的审核；对有问题的凭证，根据不同的原因，或退回重开，或补充完整，或拒绝接受。

案例分析

郝岚是国大商场的一名出纳，工作的第一天，恰逢某企业团购空调，收到转账支票一张，领导派她去银行送支票办理货款结算。郝岚携带已填写齐全的支票来到银行，交给工作人员，结果被退回。

思考：作为收款人，应该如何办理支票的结算业务？

课外活动建议 同学们可以选择一个制造业或商品流通企业，跟踪其经济业务的流程，以观察有关原始凭证的传递过程及其格式。

知识拓展

1. 樊彩霞．会计模拟综合实验教程［M］．北京：中国纺织出版社，2005.

2. 王义华．出纳入门捷径［M］．深圳：海天出版社，2006.

第四章　会计科目与账户

◎ **知识目标**

1. 理解并熟悉会计要素的含义及内容。
2. 理解会计恒等式的含义。
3. 熟悉经济业务的类型。
4. 熟悉会计科目的分类、内容，了解账户的基本结构。

◎ **能力目标**

1. 能分析经济业务类型对会计恒等式的影响。
2. 掌握会计要素和会计科目在经济业务中的应用。

◎ **情感目标**

千里之行，始于足下，夯实基础才能稳步前进。会计要素、会计科目和账户是学习会计的基础，枯燥和单调虽然无法和丰富多彩相比，但对于克服浮躁、培养良好心性，也许是很有效的方式。只有学会克制、学会忍耐，人生之路才会通行无阻！

1. 资料准备：根据会计要素的内容制作的幻灯片；最新的会计科目表每个同学一份。

2. 分组安排：7～8人为一小组（科室），实行组长（科长）负责制。

3. 课时安排：12学时。

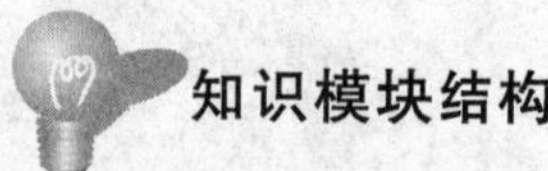

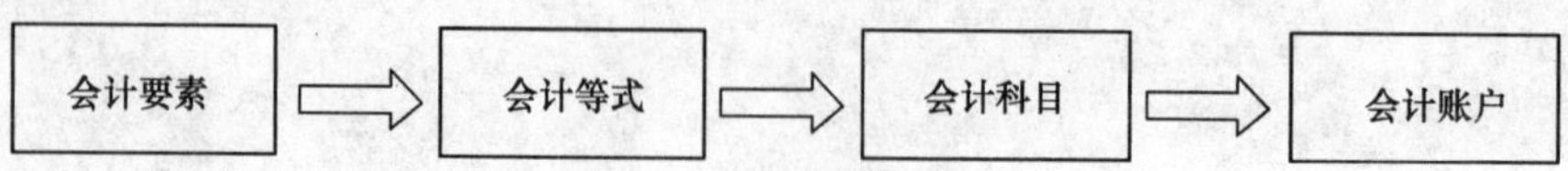

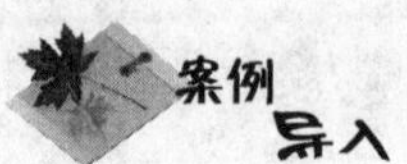

中海公司于2005年7月成立。成立初期，该公司拥有生产厂房一处，价

值约 800 000 元；购置汽车 2 辆，价值 300 000 元；机器 10 台，价值 100 000 元；自有资金 250 000 元，华洋公司投入货币资金 100 000 元；同时向中国银行贷款 200 000 元。经营一年后，当年实现利润 50 000 元。

想一想：一年后该企业的资产是多少，都分布在哪些方面？谁是该企业的所有者？

第一节 会计要素

企业的各项经济活动大多与会计相关，但并非都意味着是会计工作的内容。通常只有特定对象中能够以货币表现的经济活动才是会计的对象。会计要素是对会计对象的具体内容按经济特征进行的最基本分类。会计要素既是会计对象的具体化，也是会计对象的构成要素。

会计要素按其与财务报表的关系可分为两大类：①与资产负债表中财务状况的计量直接相关的要素，即资产、负债和所有者权益。②与利润表中经营成果的计量直接相关的要素，即收入、费用和利润。

一、资产

想一想：汽车制造厂生产的汽车和准备要购置的汽车有何不同，它们是否都是企业的资产？已经报废的汽车、霉烂变质没有任何利用价值的材料是否还是企业的资产？

1. 资产的含义

资产是指企业过去的交易或者事项形成的、由企业拥有或者控制的、预期会给企业带来经济利益的经济资源。

2. 资产的特征

1）资产是由过去的交易或者事项所形成的。也就是说，资产是过去已经发生的交易所产生的结果，资产必须是现实的资产，而不是未来的、预期的资产。因此，企业准备要购买的汽车就不能被视作企业的资产。

2）资产必须是企业拥有或者控制的。拥有是指企业享有某项资源的所有权，如汽车制造厂生产的汽车就是企业的资产。控制是指虽然不享有某项资源的所有权，但是该资产的收益和风险由企业承担，企业有支配使用权，如融资租入固定资产。

3）资产预期会给企业带来经济利益。资产通过有效使用，在未来为企业带来经济利益。如果一项经济资源不能为企业带来经济利益，就不能确认为资产。所以，已经报废的汽车、霉烂变质没有任何利用价值的材料不能称之为企业的资产。

> **知识拓展**
>
> **融资租赁和经营租赁的区别**
>
> 融资租赁是设备租赁的基本形式，是指转移了与资产相关的全部风险和报酬的租赁。它以融通资金为目的，将该设备的占有、使用和收益权转让给承租人。在融资租赁中，出租人实际上已将租赁所有权所引起的成本和风险全部转让给承租人。
>
> 经营性租赁是指融资租赁以外的其他租赁，是以获取租赁物的使用权为目的的租赁形式。经营性租赁中租赁物的所有权引起的成本和风险全部由出租人承担。

4）该资源的成本或者价值能够可靠计量。不能确认和计量其价值的，不能确认为资产，如阳光、空气等自然资源。

3. 资产的分类

资产按其流动性的强弱可以分为流动资产和非流动资产两大类，如图 4-1 所示。

流动性是指资产变为现金的能力。

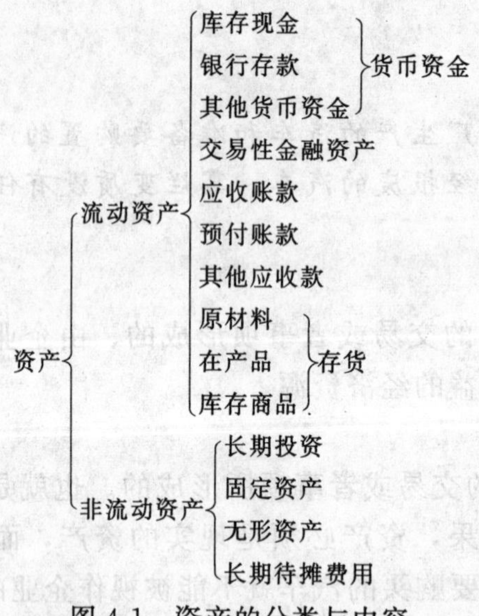

图 4-1　资产的分类与内容

(1) 流动资产：流动资产是指可以在 1 年内（包括 1 年）或超过 1 年的 1 个营业周期内变现或耗用的资产。流动资产主要有以下几种类型：

1）货币资金是指以货币形态存在的资产，包括库存现金、银行存款和其他货币资金等。

2）交易性金融资产是指企业持有的以公允价值计量，且其变动计入当期损益的金融资产，它包括为交易目地所持有的股票投资、债券投资和基金投资等。

3）应收及预付款项是指应收而尚未收回的账款和预付的购货款，包括应收票据、应收账款、其他应收款和预付货款等，应收及预付款项属于短期债权。

4）存货是指企业在生产经营过程中为销售或耗用而储存的各种资产，包括库存商品、半成品、在产品以及各类原材料、燃料、包装物和低值易耗品等。

（2）非流动资产：非流动资产是指流动资产以外的资产。非流动资产主要有以下几种类型：

1）长期投资是指企业持有时间准备超过1年的投资，包括持有至到期投资、可供出售金融资产和长期股权投资。

2）固定资产是指为生产产品、提供劳务、出租或经营管理而持有的使用寿命超过1年的单位价值较高的有形资产，主要包括厂房、建筑物、机器设备和运输工具等。固定资产使用期限较长、单位价值较高，但没有限制标准。

需要注意的是，取得固定资产的目的是使用而不是出售，只有在若干年后报废清理或转让、变卖时才能收回货币资金。

想一想：企业购买的用于本单位使用的汽车和用于销售的汽车有何不同？

3）无形资产是指企业拥有或者控制的没有实物形态的可辨认非货币性资产，如商标权、注册权、非专利技术、土地使用权等。2006年，为了与国际接轨，推动中国会计准则与国际准则相结合，我国发布的新《企业会计准则——基本准则》把可辨认性作为无形资产的基本特征，取消了以前会计准则中无形资产必须是“长期资产”的限制。商誉的可辨认特征不是很明显，因此，我国不把商誉确认为无形资产。

4）长期待摊费用是指企业已经发生的应由本期和以后各期负担的分摊期限在一年以上的各种费用。

二、负债

想一想：企业打算10天后从银行贷款200 000元，这可以称之为企业的负债吗？

1. 负债的含义

负债是指由企业过去的交易或者事项形成的、预期会导致经济利益流出企业的现时义务。

2. 负债的特征

1）负债是由过去的交易或者事项形成的。也就是说，企业预期在将来发生的交易或事项可能产生的债务，不能作为会计上的负债处理。那么，企业10天后将从银行贷款200 000元，不能称为企业的负债。

2）负债是企业承担的现实义务。作为负债，企业应承担偿还义务，有的还可能要按合同或法定要求强制执行。所谓现实义务，是指一般要在获得资产时才会产生的义务。

3）未来偿付的债务金额（即流出的经济利益的金额）能够可靠计量。

4）偿还负债会导致经济利益流出企业。例如，以现金、银行存款偿还债务会使企业资产减少，而通过贷款偿还负债会产生新的负债。

3. 负债的分类

负债按其偿还期的长短可分为流动负债和非流动负债，如图 4-2 所示。

偿还期的长短以一年以内（包括一年）或者超过一年的一个营业周期为界。

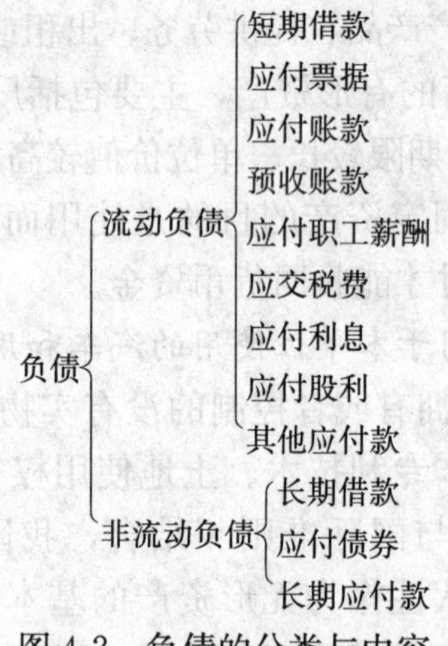

图 4-2　负债的分类与内容

（1）流动负债：流动负债是指将在 1 年（含 1 年）或者超过 1 年的 1 个的营业周期内偿还的债务。流动负债主要有以下几种类型：

1）短期借款是指企业向银行或其他金融机构借入的用于生产经营活动、期限在 1 年以内（含 1 年）的各种借款。

2）应付及预收款项是指应付而尚未支付的账款和预收的销货款，包括应付票据、应付账款、应付职工薪酬、应交税费、应付股利及预收账款等。

（2）非流动负债：非流动负债是指偿还期在 1 年或超过 1 年的 1 个营业周期以上的负债，又称长期负债，长期负债主要有以下几种类型：

1）长期借款是指企业向金融机构或其他单位借入的偿还期限在 1 年以上的各种借款。

2）应付债券是指企业为筹集长期资金而发行的偿还期限在 1 年以上的债券。

3）长期应付款是指企业应付引进设备款、融资租入固定资产应付款等。

三、所有者权益

想一想：企业收到投资者投入的100万元资金需要偿还吗？企业经营的利润归谁所有？

1. 所有者权益的含义

所有者权益是指企业资产扣除负债后由所有者享有的剩余权益；是企业投资人对企业净资产的要求权，又称股东权益。在数量上，所有者权益等于全部资产减去全部负债后的净额。

2. 所有者权益的特征

1）所有者权益反映的是产权关系，即企业净资产归谁所有。所有者对其所投入的资产及其经营所得拥有所有权。所以，企业经营所得的利润归所有者所有。

2）企业运用所有者投入的资本，一般情况下不需要支付费用，也不需要偿还。所以，企业收到投资者投入的100万元资金，不需要偿还。

3）一般情况下，投资者不得中途随意抽回资本，只有在企业进行清算时，清偿负债后，才能将净资产返还给投资者，以保护其他投资者的利益。

4）投资者可以参与企业的利润分配。

3. 所有者权益的内容

所有者权益包括所有者投入的资本、直接记入所有者权益的利得和损失以及留存收益等，如图4-3所示。

所有者权益
- 所有者投入的资本——实收资本
- 直接记入所有者权益的利得和损失——资本公积
- 留存收益——盈余公积、未分配利润

图4-3 所有者权益的内容

投入资本是投资者按照企业章程或合同、协议的约定，实际投入企业的各种财产物资。按投资人不同，投入资本可分为国家、法人、个人和外商投资四大类。投资者投入资本的形式多种多样，如投资者可以用现金投资，也可以用非现金资产，如无形资产或固定资产等投资。

直接计入所有者权益的利得和损失是指不应计入当期损益、会导致所有者权益发生增减变动的、与所有者投入资本或者向所有者分配利润无关的利得或损失。利得是指由企业非日常活动所形成的、会导致所有者权益增加的、与所有者投入资本无关的经济利益的流入，如接受捐赠、法定财产重估增值等。损失是指由企业非日常活动所发生的、会导致所有者权益减少的、与所有者分配利润无关的经济利益的流出。留存收益是指企业的盈余公积和未分配利润。盈余公积是指企业按照法律、法规规定从净利润中提取的积累资金；未分配利润是指企业本期未分配完的或待下年度分配的利润。

分组讨论：

企业从银行借入100 000元和接受投资者投入100 000元有何不同？负债和所有者权益有何区别？

四、收入

想一想：销售产品收到的货款、收到其他企业支付的违约金和销售材料取得的料款都是企业的收入吗？它们有何不同？

1. 收入的含义

收入是指企业在日常活动中形成的、会导致所有者权益增加的、与所有者投入资本无关的经济利益的总流入。收入是企业经营成果的重要组成部分，是反映企业经济效益好坏的一项基本指标。

2. 收入的特征

1）收入是从企业日常经营活动中产生的，如销售产品和材料取得的收入等。但不包括偶发事件产生的利得如营业外收入、补贴收入。

2）收入会表现为企业资产的增加，如销售产品收到银行存款等；也有可能表现为企业负债的减少，如以库存商品抵偿债务等。

3）收入将引起企业所有者权益的增加。

4）收入可能表现为企业资产的增加，而增加的资产归企业的所有者所有。所以，收入能增加所有者权益。

收入只包括本企业经济利益的流入，并且经济利益的流入额能够可靠地计量，而不包括为第三方或客户代收的款项。代收的款项一方面增加企业的资产，另一方面增加企业的负债。因此，不属于企业经济利益的流入，不能作为企业的收入。

3. 收入的分类

收入按企业经营业务的主次不同，可以分为主营业务收入和其他业务收入。主营业务收入是指企业经常性的主要业务所产生的收入，如销售商品、提供劳务的收入。其他业务收入是指企业非经常性的附营业务取得的收入，如销售库存材料、出租包装物取得的收入等。收入的分类与内容如图4-4所示。

收入
- 主营业务收入——销售产品、提供劳务
- 其他业务收入——销售材料、出租包装物

图4-4　收入的分类与内容

五、费用

想一想：生产产品要耗费材料、支付工人工资、磨损机器等，这些耗费和收入有何关系？

1. 费用的含义

费用是指企业在日常活动中发生的、会导致所有者权益减少的、与向所有者分配利润无关的经济利益的总流出，包括为取得营业收入而发生的人、财、物的耗费。

2. 费用的特征

1）费用是企业日常活动中产生的，如生产产品发生的各种耗费，但不包括偶发事件产生的损失，如罚款支出。

2）费用表现为资产的减少或负债的增加，如以现金支付工资引起资产减少，在未支付之前形成对工人的负债。

3）费用将引起所有者权益的减少。

3. 费用的分类

费用一般可以分为计入产品成本的费用和不计入产品成本的费用。计入产品成本的费用又可分为直接计入产品成本的费用和间接计入产品成本的费用，直接计入产品成本的费用包括生产产品耗费的材料、支付给生产工人的工资等，间接计入产品成本的费用是指生产车间在组织和管理生产过程中发生的费用，又称制造费用；不计入产品成本的费用即期间费用，是指企业在日常经营活动中发生的、应计入当期损益的费用，包括销售费用、管理费用和财务费用。费用的分类与内容如图 4-5 所示。

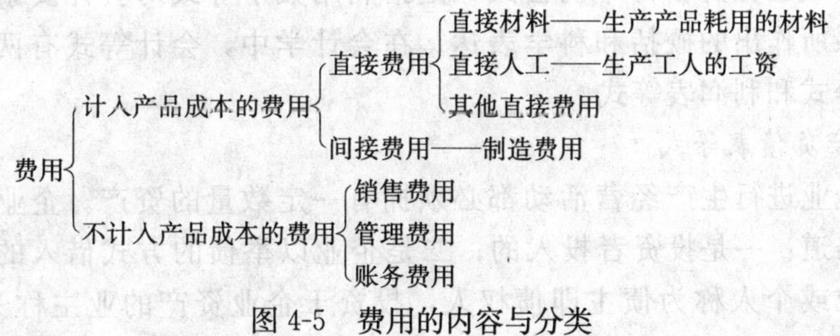

图 4-5 费用的内容与分类

六、利润

想一想：本月收入 35 000 元，费用 23 000 元，那么利润是多少？利润由哪些具体内容构成呢？

1. 利润的含义

利润是指企业在一定会计期间的经营成果。收入大于费用的差额称为利

润，反之称为亏损。用公式表示为

利润＝收入－费用＋利得－损失

利润通常用来作为衡量企业经营业绩的评价指标。企业的经营成果与所有者权益具有密切的联系，如果企业在经营中获得利润，所有者权益将随之增长；反之，所有者权益将随之减少。

2. 利润的内容

利润包括收入减去费用后的净额、直接计入当期利润的利得和损失、投资收益等。

利润的主要项目有营业利润、营业外收支净额和所得税费用。营业利润是指企业的营业收入减去营业成本和期间费用后的余额。营业外收支净额是指与企业日常活动没有直接关系的营业外收入减去营业外支出后的余额。所得税费用是指企业应计入当期损益的所得税费用，它是利润的抵减项目。

第二节 会计等式

会计要素是对会计对象按经济特征所作的最基本的分类。各项会计要素之间存在着一定的数量关系，这种数量关系可以用一定的关系式表示，这就是会计等式。

一、会计等式的含义

会计等式也称为会计平衡公式，是指利用数学等式对会计要素之间的内在经济联系所作出的概括和科学表达。在会计学中，会计等式有两个，即资产负债表等式和利润表等式。

1. 资产负债表等式

任何企业进行生产经营活动都必须拥有一定数量的资产。企业的资产来源于两个渠道：一是投资者投入的；二是企业以举债的方式借入的。借款给企业的单位或个人称为债主即债权人，投资于企业资产的业主称为所有者。业主和债主将资产提供给企业，必然对该企业的资产享有一定的权利，包括在一定时间内收回本金及获取投资报酬的权利等。这种权利在会计上统称为权益，其中，业主的权益称为所有者权益，债主的权益称为债权人权益，又称负债。因此，资产和权益之间的关系表现在以下几个方面：

1）资产与权益是同一经济资源的两个方面，二者之间存在着相互依存、相互制约的关系。

2）从数量方面来观察，一个企业有多少资产，就必定有多少权益；反之，有多少权益，也就必然有多少资产。两者之间的数量关系可表示为

资产＝权益

由于企业的资产来源于债权人和所有者，所以，上述公式可以进一步表示为

资产＝负债＋所有者权益　　(4-1)

3）资产和权益的平衡关系不受任何经济业务的影响，不论经济业务如何变化，都不会破坏资产和权益的平衡关系。

上述资产和权益的平衡关系式称为资产负债表等式，反映了企业在某一时点资产与权益之间的恒等关系。它是设计和编制资产负债表的理论依据。

分组讨论：

毕业后，周鹏和李林利用自己家房子（假设价值 200 000 元）临街的优势，合伙开办了一家服装超市。两人共有资金 30 000 元，又向家人借款 20 000元，购置收银机一台，价款 5 000 元，购置各种货架共花费 4 000 元，购买百货商品共计 36 000 元，剩余现金 5 000 元。

请问：他们拥有多少资产、负债和所有者权益？资产具体分布在哪些方面？

2. 利润表等式

资产负债表等式反映了企业在某一时点的资产、负债和所有者权益三者之间存在的数量关系，它是静态等式。实际上，企业的经营过程一直处于动态过程中，如销售产品取得收入、为开展经营活动发生各种耗费等。合理地比较一定期间的营业收入与费用，便可确定企业在该期间所实现的经营成果。收入、费用、利润三个会计要素之间的经济关系用公式表示为

收入-费用＝利润　　(4-2)

上述收入、费用和利润之间的关系式称为利润表等式，反映了企业一定期间收入、费用和利润之间的平衡关系。它是设计和编制利润表的理论依据。

分组讨论：

周鹏和李林经过一个月的苦心经营，月末结账计算，当月实现收入 6 000 元，各种费用支出 5 900 元。

请问：当月利润是多少？

3. 资产负债表等式和利润表等式的关系

式（4-1）是企业资源在某一特定日期的表现形式，表明企业的财务状况，而式（4-2）是运用企业资源形成的经营成果。两个会计等式之间客观上存在着必然的内在经济联系。

会计期初，企业还没有开始经营，收入和费用都为零，会计等式为

资产＝负债＋所有者权益

会计期中，企业发生了一系列的经济业务，产生了收入和费用。收入将引起企业资产和所有者权益增加，费用将引起企业资产和所有者权益减少，因此，两个会计等式结合起来，就产生了如下公式

资产＝负债＋所有者权益＋（收入－费用）

会计期末，收入减去费用产生利润或亏损，而利润或亏损都属于所有者权益，这时会计等式仍表现为

资产＝负债＋所有者权益

因此，会计基本等式是资产＝负债＋所有者权益。需要注意的是，会计期初和会计期末的资产总额是不同的。

总之，会计恒等式是各个会计要素之间的关系表达式，是复式记账、试算平衡及编制会计报表的理论依据。会计恒等式可以揭示企业的财务状况和经营业绩，揭示各个会计要素之间的内在联系。

分组讨论：

周鹏和李林经过月末结账和商品盘点，现有现金 2 000 元，上架商品 25 000 元，应收账款 6 000 元，应付账款 3 000 元，借款 20 000 元。当月实现利润 100 元。

请问：月末，他们有多少资产？资产的构成有何变化？

二、经济业务类型及其对会计等式的影响

1. 经济业务类型对会计等式的影响

企业在生产经营过程中发生的经济业务可以分为两大类：①外部经济业务，即因企业发生对外经济往来所产生的经济业务，如所有者投入资本、向银行借款、向供应单位购货、向客户销货、与其他单位进行款项结算等。②内部经济业务，即发生于企业内部的经济事项，如生产经营过程中领用材料、支付工人工资等。企业在生产经营过程中，每天都发生着大量的经济业务。但是，无论怎样变化，企业的资产总额永远等于权益总额。

下面以北京长城酿酒公司为例，说明以上经济业务的发生，不会破坏会计恒等式所表示的数量平衡关系。

1）北京长城酿酒公司 2006 年 12 月 31 日，资产、负债和所有者权益的数量关系见表 4-1。

表 4-1　北京长城酿酒公司资产和权益状况表

2006 年 12 月 31 日　　（单位：元）

资　产		权益（负债＋所有者权益）	
项　目	金　额	项　目	金　额
库存现金	2 000	短期借款	12 000

（续）

资产		权益（负债＋所有者权益）	
项 目	金 额	项 目	金 额
银行存款	40 000	应付账款	18 000
应收账款	8 000		
原材料	20 000	实收资本	150 000
固定资产	110 000		
合计	180 000	合计	180 000

从表 4-1 可以看出，北京长城酿酒公司 2006 年 12 月 31 日拥有的资产总额为 180 000 元，这些资产是从 3 个方面取得的：所有者投入 150 000 元；银行借入 12 000 元；暂时占用供货单位货款 18 000 元。故有

资产（180 000 元）＝负债（30 000 元）＋所有者权益（150 000 元）

2）北京长城酿酒公司 2007 年 1 月发生下列经济业务：

【例 4-1】1 月 5 日，收到国家追加投入的资本 100 000 元，当即存入银行。

分析：此项经济业务的发生使得银行存款（资产项目）增加 100 000 元，即由原来的 40 000 元增加到 140 000 元；实收资本（所有者权益项目）增加 100 000 元，即由原来的 150 000 元增加到 250 000 元。这项经济业务使得公司的资产总额变为 250 000 元，权益总额变为 250 000 元。虽然资产和权益的总额发生了变化，但是双方总额依然相等，会计恒等式的平衡关系依然成立。

【例 4-2】1 月 12 日，以银行存款 5 000 元偿还前欠供应单位货款。

分析：此项经济业务的发生使得银行存款（资产项目）减少 5 000 元，即由原来的 140 000 元减少到 135 000 元；应付账款（负债项目）减少 5 000 元，即由原来的 18 000 元减少到 13 000 元。这项经济业务使得资产总额变为 245 000元，权益总额变为 245 000 元。虽然资产和权益的总额发生了变化，但是双方总额依然相等，会计恒等式的平衡关系依然成立。

【例 4-3】1 月 20 日，从银行取得短期借款 6 000 元，偿还前欠供应单位的款项。

分析：此项经济业务的发生使得短期借款（负债项目）增加 6 000 元，即由原来的 12 000 元增加到 18 000 元；应付账款（负债项目）减少 6 000 元，即由原来的 13 000 元减少到 7 000 元。这项经济业务使得权益内部一增一减，增减的金额相等，资产和权益的总额不变，会计恒等式的平衡关系依然成立。

【例 4-4】1 月 27 日，收到客户前欠货款 3 000 元，存入银行。

分析：此项经济业务的发生使得银行存款（资产项目）增加 3 000 元，即

由原来的 135 000 元增加到 138 000 元；应收账款（资产项目）减少 3 000 元，即由原来的 8 000 元减少到 5 000 元。这项经济业务使得资产内部一增一减，增减的金额相等，资产和权益的总额不变，会计恒等式的平衡关系依然成立。

上述经济业务引起资产、权益的增减变动见表 4-2。

表 4-2　北京长城酿酒公司资产和权益状况变动表

2007 年 1 月 31 日　　（单位：元）

资产项目	期初余额	增加金额	减少金额	期末余额	权益项目	期初余额	增加金额	减少金额	期末余额
库存现金	2 000				负债	30 000			
银行存款	40 000	①100 000 ④3 000	②5 000		短期借款	12 000	③6 000		
应收账款	8 000		④3 000		应付账款	18 000		③6 000 ②5 000	
原材料	20 000				所有者权益	150 000			
固定资产	110 000				实收资本	150 000	①100 000		
合计	180 000	103 000	8 000	275 000	合计	180 000	106 000	11 000	275 000

3）北京长城酿酒公司 2007 年 1 月 31 日资产、负债和所有者权益的数量关系见表 4-3。

表 4-3　北京长城酿酒公司资产和权益状况表

2007 年 1 月 31 日　　（单位：元）

资　产		权益（负债＋所有者权益）	
项　目	金　额	项　目	金　额
库存现金	2 000	短期借款	18 000
银行存款	138 000	应付账款	7 000
应收账款	5 000		
原材料	20 000	实收资本	250 000
固定资产	110 000		
合计	275 000	合计	275 000

从表 4-3 可以看出，北京长城酿酒公司 2007 年 1 月 31 日拥有的资产总额为 275 000 元（比期初资产总额多 95 000 元）。这些资产从 3 个方面取得的：所有者投入 250 000 元（比期初多 100 000 元）；银行借入 18 000 元（比期初多 6 000 元）；暂时占用供货单位货款 7 000 元（比期初少 11 000 元）。因此两

者合计相等，故有

资产（275 000元）=负债（25 000元）+所有者权益（250 000元）

从以上举例可以看出，虽然企业在生产经营过程中发生各种各样的经济业务，然而对企业来说，任何经济业务要么会引起会计等式左右两方同时发生等额的增减变化，要么引起会计等式一方内部等额的增减变化，无论怎样变化，都不会破坏会计等式的平衡关系。

2. 经济业务的类型

尽管经济业务多种多样，但归纳起来，可以分为四大类并细化为9种类型。经济业务类型的具体内容见表4-4。

表4-4 经济业务类型

经济业务类型	具体类型	分析说明
资产与权益同时增加	一项资产增加，一项所有者权益增加	这两种经济业务发生后，引起会计等式两边的会计要素同增，增加的数额相等，但不影响会计等式的平衡关系
	一项资产增加，一项负债增加	
资产与权益同时减少	一项资产减少，一项所有者权益减少	这两种经济业务发生后，引起会计等式两边的会计要素同减，减少的数额相等，但不影响会计等式的平衡关系
	一项资产减少，一项负债减少	
资产内部有增有减	一项资产增加，一项资产减少	这项经济业务发生后，引起资产内部发生一增一减的变化，增减的金额相等，不影响会计等式的平衡关系
权益内部有增有减	一项负债减少，另一项负债增加	经济业务发生引起会计要素内部项目发生变动，一个项目增加，另一个项目减少，增减的数额相等。这类经济业务既不会引起会计等式的总额发生变动，也不会影响会计等式的平衡关系
	一项所有者权益减少，另一项所有者权益增加	
	一项负债减少，一项所有者权益增加	
	一项负债增加，一项所有者权益减少	

想一想：你能说出几笔经济业务并分析说明其业务类型吗？

第三节 会计科目

一、会计科目的含义

会计核算的对象是六大会计要素，每一个会计要素又包含着许多具体内

容。为了分类反映不同的会计信息，必须对会计要素的具体内容进行细化。而会计科目就是按照经济业务的内容和经济管理的要求，对会计要素所作的进一步分类的项目，它也是设置会计账户的依据。

每一个会计科目都反映一项特定的经济内容。例如，工业企业的主要劳动资料是厂房、机器设备、运输工具等，劳动对象是原料及主要材料、燃料、辅助材料等，虽然它们都属于资产这一会计要素，但是，由于经济内容不同，设置的会计科目就不同，应当分别设置“固定资产”和“原材料”科目；再如，从银行取得的借款，由于借款的期限和用途不同，应当分别设置“短期借款”和“长期借款”科目。各个会计科目之间，既有严格的区别，又有其内在的联系。区别是各个会计科目所含经济内容的界限必须明确，不允许相互混淆。联系是所有的会计科目形成一个完整的会计科目体系，共同反映企业的经营活动。

二、会计科目的分类

为了正确掌握和运用会计科目，可以按照下列标准对会计科目进行科学分类。现以工业企业为例，说明会计科目的分类。

1. 按照经济内容不同分类

会计科目按照经济内容不同分类是主要的、基本的分类方式，是其他分类方式的基础。会计科目按经济内容不同，可以划分为以下 6 类：

(1) 资产类科目：如反映货币资产的“库存现金”、“银行存款”等科目，反映结算资产的“应收票据”、“应收账款”、“其他应收款”等科目，反映存货资产的“原材料”、“库存商品”等科目及反映固定资产的“固定资产”、“累计折旧”等科目。

(2) 负债类科目：如反映流动负债的“短期借款”、“应付票据”、“应付账款”、“应付职工薪酬”等科目，反映长期负债的“长期借款”、“长期应付款”等科目。

(3) 共同类科目：如衍生工具、期权工具等。

(4) 所有者权益类科目：如反映资本金的“实收资本”、“资本公积”、“盈余公积”等科目。

(5) 成本类科目：如反映制造成本的“生产成本”、“制造费用”等科目。

(6) 损益类科目：如反映损益的“主营业务收入”、“主营业务成本”、“管理费用”、“财务费用”、“销售费用”、“营业外收入”、“营业外支出”等科目。

为了便于学习，参照《企业会计准则——应用指南》，编制简明会计科目表，见表 4-5。

表 4-5 会计科目表

顺序号	编 号	名 称	顺序号	编 号	名 称
		一、资产类	31	1601	固定资产
1	1001	库存现金	32	1602	累计折旧
2	1002	银行存款	33	1603	固定资产减值准备
3	1015	其他货币资金	34	1604	在建工程
4	1101	交易性金融资产	35	1605	工程物资
5	1121	应收票据	36	1606	固定资产清理
6	1122	应收账款	37	1701	无形资产
7	1123	预付账款	38	1702	累计摊销
8	1131	应收股利	39	1703	无形资产减值准备
9	1132	应收利息	40	1711	商誉
10	1231	其他应收款	41	1801	长期待摊费用
11	1241	坏账准备	42	1811	递延所得税资产
12	1321	代理业务资产	43	1901	待处理财产损溢
13	1401	材料采购			二、负债类
14	1402	在途物资	44	2001	短期借款
15	1403	原材料	45	2101	交易性金融负债
16	1404	材料成本差异	46	2201	应付票据
17	1406	库存商品	47	2202	应付账款
18	1407	发出商品	48	2205	预收账款
19	1410	商品进销差价	49	2211	应付职工薪酬
20	1411	委托加工物资	50	2221	应交税费
21	1431	周转材料	51	2231	应付利息
22	1461	存货跌价准备	52	2232	应付股利
23	1521	持有至到期投资	53	2241	其他应付款
24	1522	持有至到期投资减值准备	54	2314	代理业务负债
25	1523	可供出售金融资产	55	2411	预计负债
26	1524	长期股权投资	56	2501	递延收益
27	1525	长期股权投资减值准备	57	2601	长期借款
28	1526	投资性房地产	58	2602	长期债券
29	1531	长期应收款	59	2801	长期应付款
30	1541	未实现融资收益	60	2802	未确认融资费用

（续）

顺序号	编　号	名　称	顺序号	编　号	名　称
61	2811	专项应付款	75	5301	研发支出
62	2901	递延所得税负债			六、损益类
		三、共同类	76	6001	主营业务收入
63	3101	衍生工具	77	6051	其他业务收入
64	3201	套期工具	78	6101	公允价值变动损益
65	3202	被套期项目	79	6111	投资收益
		四、所有者权益类	80	6301	营业外收入
66	4001	实收资本	81	6401	主营业务成本
67	4002	资本公积	82	6402	其他业务成本
68	4101	盈余公积	83	6405	营业税金及附加
69	4103	本年利润	84	6601	销售费用
70	4104	利润分配	85	6602	管理费用
71	4201	库存股	86	6603	财务费用
		五、成本类	87	6701	资产减值损失
72	5001	生产成本	88	6711	营业外支出
73	5101	制造费用	89	6801	所得税费用
74	5201	劳务成本	90	6901	以前年度损益调整

2. 按其提供核算指标的详细程度分类

根据会计科目所提供核算指标的详细程度不同，将会计科目分为总分类科目和明细分类科目。

1）总分类科目也称总账科目或一级科目，是总括反映会计要素具体内容、提供总括指标的会计科目，如“银行存款”、“固定资产”和“实收资本”等科目。

2）明细分类科目是对总账科目所反映的经济内容进一步详细分类的会计科目。例如，“原材料”下设的“甲材料”即为明细科目。大多数的明细科目是由企业依据国家统一规定的会计科目和要求，根据经营管理的需要自行设置的。

子目也称为二级科目，是介于总账科目和明细科目之间的科目，它比总分类科目提供的指标详细，但又比明细分类科目提供的指标概括。只有在总账科目下设的明细科目较多的情况下，才有必要设置二级科目。例如，在“原材料”科目下，按材料类别开设“原料及主要材料”、“辅助材料”和“燃料”等二级科目，按品名设置三级科目。

现以“原材料”科目为例，说明会计科目的级次关系，见表4-6。

表4-6 会计科目级次表

总分类科目（一级科目）	明细分类科目	
	二级科目（子目）	明细科目（细目）
原材料	原料及主要材料	圆钢 角钢
	辅助材料	润滑油
	燃料	汽油 烟煤

第四节 账 户

会计科目只是对会计要素进行了科学的分类，确定了各个项目的核算内容，但不能反映经济业务发生后引起的各项资产、权益项目的增减变动情况及其结果。因此，必须根据会计科目开设相应的账户。

一、账户的含义

账户就像是每个同学的一张张学籍卡片，每张卡片都是按规定的格式记录了每个同学的基本资料及三年的表现情况。

账户是根据会计科目开设的，具有一定格式和结构，用来连续记录经济业务，全面反映资产、负债、所有者权益增减变化情况及其结果的一种工具。设置账户是组织会计核算工作的起点，是会计核算的专门方法之一。

二、会计科目与账户的关系

在日常工作中，人们往往对会计科目和账户不加以严格的区分，通常把会计科目当作账户的同义语。其实，会计科目和账户是两个不同的概念，两者既有联系又有区别。

两者的联系在于：会计科目和账户都是按照经济内容设置的，会计科目是设置账户的依据，是账户的名称。账户是会计科目的具体运用，相同名称的会计科目与账户反映的经济内容相同。

两者的区别在于：会计科目只是一个名称，不存在结构问题，只表明某类经济内容。而账户既有名称又有结构，可以记录和反映某类经济内容的增减变动及其结果。此外，会计科目是国家通过制定会计制度统一规定的，而账户是由企业单位根据会计科目的设置和自身经营管理的需要在账簿中开设的。

三、账户的基本结构

账户是如何记录和反映各项经济业务内容的呢？为了反映特定的经济内容，取得必要的会计信息，就必须为账户确定相应的格式，这种格式称为账户的基本结构。

经济业务所引起的会计要素的变化错综复杂，但从数量上看，不外乎增加和减少两种情况。因此，开设的账户必须具备两个部分：一部分反映经济业务的增加数，另一部分反映经济业务的减少数。账户的基本结构分为左、右两方，一方登记增加，一方登记减少，如图 4-6 所示。至于哪一方登记数额的增加，哪一方登记数额的减少，取决于所记录经济业务的内容和账户的性质。

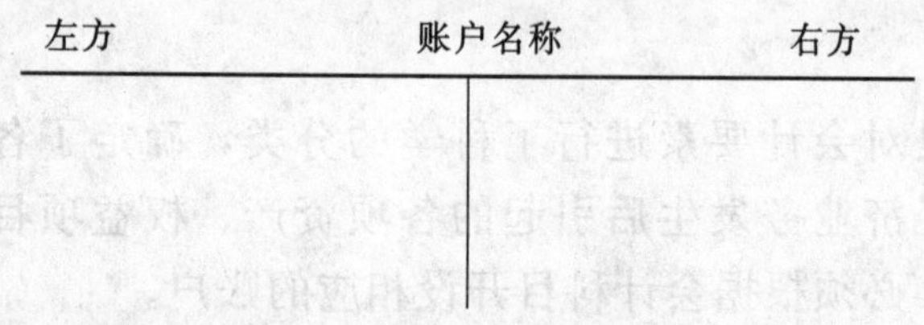

图 4-6　账户的基本结构

这种账户的结构类似 T 字或丁字，所以被称为 T 字账户或丁字账户。使用这种账户可以很方便地将会计要素所发生的增减变动情况记录下来，并对其进行汇总。

在实际工作中，账户除了反映增加额和减少额外，还要根据实际需要分为若干栏次，反映经济业务发生的时间、记账凭证的编号、经济业务的摘要等。账户的正规格式见表 4-7。

表 4-7　账户的正规格式

年		凭证号数	摘要	增加	减少	余额
月	日					

表 4-7 账户的金额栏有增加、减少和余额 3 个部分。增加即本期增加额，是指一定时期（月、季、年）内账户所登记的增加金额的合计数，也称本期

增加发生额。减少即本期减少额，是指一定时期内账户所登记的减少金额的合计数，也称本期减少发生额。同时，增减相抵后的差额称为账户的余额，它在账户中反映出由于增加或减少而引起的会计要素增减变动的结果。由于企业的经济活动是持续不断地进行的，并且以此为假设。所以，本期的期末余额就是下期的期初余额。同理，上期的期末余额就是本期的期初余额。余额按表示的时间不同，可分为期初余额和期末余额。因此，通过账户记录的金额可以提供期初余额、本期增加额、本期减少额和期末余额 4 个核算指标。在没有期初余额的情况下，本期增加发生额和本期减少发生额相抵后的差额，就是期末余额。此外，本期发生额属于动态核算指标，反映有关会计要素的增减变动情况。余额属于静态核算指标，反映有关会计要素增减变动的结果。上述 4 项金额的关系，可以用等式表示为

期末余额＝期初余额＋本期增加发生额-本期减少发生额。

值得一提的是，在会计教学中，因客观条件的限制，不可能在课堂上对列举的经济业务都按账户的正规格式一一举例，通常将账户结构简化为 T 字账结构。

本章小结

会计要素是对会计对象按照经济特征所做的基本分类。会计要素有 6 项，包括资产、负债、所有者权益、收入、费用和利润。

各个会计要素之间存在着一定的数量关系。“资产＝负债＋所有者权益”就是其数量关系的表达式。会计等式是复式记账、试算平衡及编制资产负债表的理论依据。企业发生的经济业务会引起会计等式中各项会计要素的增减变动，归纳起来，可以分为四大类并细化为 9 种类型。任何一项经济业务的发生，都不会破坏会计恒等式的平衡关系。

会计科目是对会计要素所作进一步分类的项目。为了进行分类核算，需要对会计科目进行科学分类。我国将会计科目分为 6 类，即资产、负债、所有者权益、共同类、损益类和成本类。

账户是根据会计科目开设的、具有一定格式的记账实体。账户和会计科目之间既有区别又有联系。设置账户是会计核算的基本方法之一。

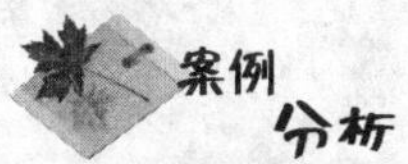

案例分析

北京长城酿酒公司 2007 年 8 月份的资料见表 4-8。

表 4-8　北京长城酿酒公司 2007 年 8 月份的资料

资　料	资　产	负　债	所有者权益
1. 拥有的实收资本 96 000 元			
2. 提取的盈余公积 200 000 元			
3. 企业仓库储存的材料 150 000 元			
4. 财务部门存放的库存现金 5 000 元			
5. 库存产成品 100 000 元			
6. 企业拥有的商标权 3 000 元			
7. 企业的厂房及设备 809 000 元			
8. 应收回的销货款 8 000 元			
9. 企业在银行的存款 160 000 元			
10. 企业购入的三年期限的债券 96 000 元			
11. 因销货收到的商业汇票 76 000 元			
12. 银行借入的一年期的借款 967 000 元			
13. 应付采购材料款 8 000 元			
14. 应付职工的工资 136 000 元			
合　　计			

思考：上述资料应属于什么会计要素？请将金额填在项目栏内。

课外活动建议　到商场或超市调查商品的种类及每一类的品种，进一步理解会计科目的分类。

> **知识拓展**
>
> 推荐网址及相关书籍：
>
> 1）htpp：//www. mof. gov. cn/1157. htm
>
> 2）htpp：//bbs. dongaoacc. com/docview. asp？ pm _ forumid＝5&pm _ forumpageindex＝1
>
> 3）2007 新企业会计准则及相关制度实用精要指南与财务规范管理执行标准．北京：中国财会出版社，2007.

第五章　借贷记账法

◎ **知识目标**

1. 了解复式记账的含义。

2. 理解借贷记账法的记账规则。

3. 熟悉工业企业的经营过程及发生的经济业务。

◎ **能力目标**

1. 会编制会计分录。

2. 会登记T形账户。

3. 能计算利润及税费。

◎ **情感目标**

掌握方法、苦练技能是学习知识的有效途径，了解自己、选择适合自己的学习方法是智慧的体现，而认真思考、知难而上、不屈不挠则是一种优秀的品格。相信自己、战胜自己、挑战自己、只要努力就一定有收获！

1. 资料准备：制造业主要经营过程流程图。

2. 分组安排：7～8人为一组（科室），实行组长（科长）负责制。

3. 学时安排：20学时。

知识模块结构

王菡、朱雨森和郝明亮毕业后注册了一家计算机网络公司，因公司规模小，王菡负责采购并兼会计工作。他没学过会计，进货付款时只记录花费的

资金，销货收款时只记录增加的款项，而对于配件进货和销货的多少，没有过详尽的记录。

想一想：如果你来负责此项工作，怎样记录才更加详细而科学地反映公司的财务工作呢？

第一节　借贷记账法的特点

一、记账方法的含义与种类

设置账户为反映经济业务提供了工具，但如何记录和反映经济业务，还必须借助记账方法。记账方法按记录方式的不同，分为单式记账法和复式记账法，现代会计普遍采用复式记账法。

复式记账法是对发生的每一项经济业务，都以相等的金额，在两个或两个以上的相互联系的账户中进行记录的方法。这种记账方法能够全面、系统地反映经济业务的发生过程及结果，满足会计信息输出的需要。

在我国，复式记账法分为借贷记账法、增减记账法和收付记账法。《企业会计准则》明确规定，各企事业单位必须采用借贷记账法。

二、借贷记账法的含义

借贷记账法是以“借”、“贷”作为记账符号，对每一项经济业务以相等的金额在两个或两个以上相互联系的账户中进行记录的一种记账方法。

小知识

借贷记账法的由来

借贷记账方法最早出现于13世纪的意大利。当时，意大利的商品经济已发展到相当程度，由于商品交换的需要，出现了一种从事货币借贷业务的“银钱”行业。在银行账簿中，已将账户分成了借方和贷方。借贷资本家对于收进的存款，记在贷主的名下，表示债务；对于付出的放款，记在借主的名下，表示债权，这是借贷记账法的最初形式。随着生产的发展，这一方法不断完善，内容不断丰富，为世界各国广泛采用，成为国际通用的复式记账法。

三、借贷记账法的记账符号

借贷记账法以“借”和“贷”作为记账符号，表示经济业务的增加（+）或减少（—）。对于不同性质的账户，“借”、“贷”表示的含义不同，见表 5-1。

表 5-1 记账符号的含义

账户性质	记账符号及含义	
	借	贷
资产类	+	—
负债类	—	+
所有者权益类	—	+
成本、费用类	+	—
收入类	—	+

四、借贷记账法的账户结构

在借贷记账法下，账户的结构分为左、右两方，左方为“借方”，右方为“贷方”，用“借方”、“贷方”分别反映资金数量上的增减变化及结果。账户性质不同，其结构也不同。

1. 资产类账户结构

资产类账户的借方登记增加额，贷方登记减少额，期末余额一般在借方，其结构如图 5-1 所示。

借方	资产类账户 贷方
期初余额 本期增加额	本期减少额
本期发生额 期末余额	本期发生额

图 5-1 资产类账户结构

用公式表示为

期末借方余额=期初借方余额+本期借方发生额−本期贷方发生额

2. 负债及所有者权益类账户结构

负债及所有者权益类账户的贷方登记增加额，借方登记减少额，期末余额一般在贷方，其结构如图 5-2 所示。

借方	负债及所有者权益类账户 贷方
	期初余额
本期减少额	本期增加额
本期发生额	本期发生额
	期末余额

图 5-2 负债及所有者权益类账户结构

用公式表示为

期末贷方余额＝期初贷方余额＋本期贷方发生额－本期借方发生额

3. 成本、费用类账户结构

成本、费用类账户的借方登记增加额，贷方登记减少额，期末一般无余额，其结构如图 5-3 所示。

借方 成本、	费用类账户 贷方
本期增加额	本期减少额
本期发生额	本期发生额

图 5-3 成本、费用类账户结构

4. 收入类账户结构

收入类账户的贷方登记增加额，借方登记减少额，期末一般无余额，其结构如图 5-4 所示。

借方 收入类	账户 贷方
本期减少额	本期增加额
本期发生额	本期发生额

图 5-4 收入类账户结构

◎ 归纳与总结

1）“借”和“贷”作为记账符号，表示着记账的方向，在同一性质的账户中表示着相反的内容。

2）账户期初余额和期末余额所在的方向一般与增加额的记录方向一致。

3）根据账户余额的方向可以判断账户的性质（资产类账户的余额方向一般在借方，负债及所有者权益类账户的余额方向一般在贷方）。

4）收入类账户和费用类账户既无期初余额，也无期末余额。

五、借贷记账法的记账规则

借贷记账法的记账规则是对发生的每一项经济业务，都以相等的金额和借贷相反的方向，记入两个或两个以上相互联系的账户中，即“有借必有贷，借贷必相等”，如图 5-5 所示。

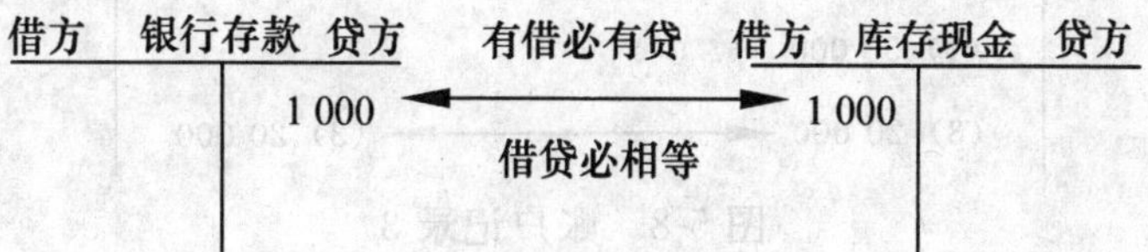

图 5-5 记账规则示例

【例 5-1】2008 年 6 月 4 日，购入材料一批，价值 50 000 元，材料已入库，货款以银行存款支付。（为简化起见，暂不考虑增值税）。

这项经济业务的发生，一方面使原材料增加 50 000 元，另一方面使银行存款减少 50 000 元，因此，涉及到“原材料”和“银行存款”两个账户。这两个账户都属于资产类，资产增加应记入“原材料”账户的借方，资产减少应记入“银行存款”账户的贷方。账户记录如图 5-6 所示。

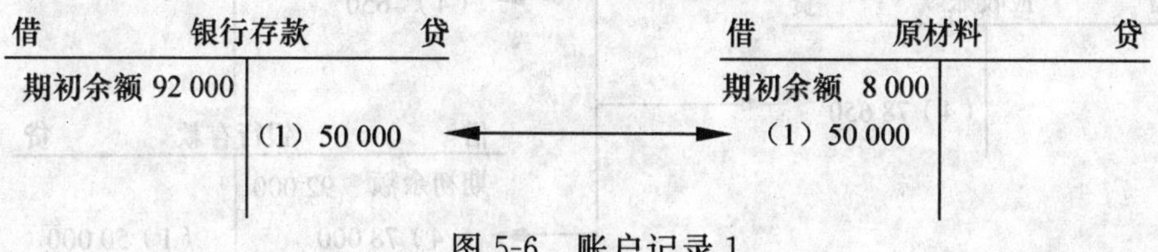

图 5-6 账户记录 1

【例 5-2】2008 年 6 月 9 日，接受外单位投入机器设备一台，价值 100 000 元。

这项经济业务的发生，一方面使企业的固定资产增加 100 000 元，另一方面使企业实收资本增加 100 000 元，因此，涉及到“固定资产”和“实收资本”两个账户。“固定资产”账户属于资产类，其增加额应记入账户的借方，“实收资本”账户属于所有者权益类，其增加额应记入账户的贷方。账户记录如图 5-7 所示。

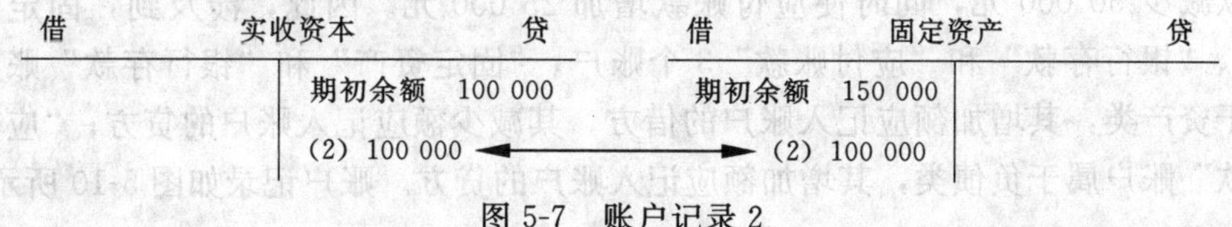

图 5-7 账户记录 2

【例 5-3】2008 年 6 月 12 日，以银行存款归还到期的短期借款 20 000 元。

这项经济业务的发生，一方面使银行存款减少 20 000 元，另一方面使短期借款减少 20 000 元，因此，涉及到“银行存款”和“短期借款”两个账户。“银行存款”账户属于资产类，其减少额应记入账户的贷方；“短期借款”账户属于负债类，其减少额应记入账户的借方。账户记录如图 5-8 所示。

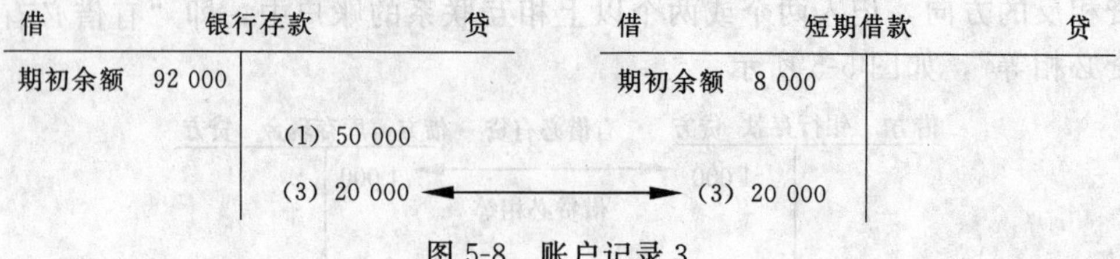

图 5-8 账户记录 3

【例 5-4】2008 年 6 月 18 日，收到外单位所欠货款 78 650 元，其中 78 000 元通过银行收回，另收到现金 650 元。

这项经济业务的发生，一方面使现金增加 650 元、银行存款增加 78 000 元，另一方面使应收账款减少78 650 元。因此，涉及到“库存现金”、“银行存款”和“应收账款”3 个账户。这 3 个账户都属于资产类，其增加额应记入账户的借方，其减少额应记入账户的贷方。账户记录如图 5-9 所示。

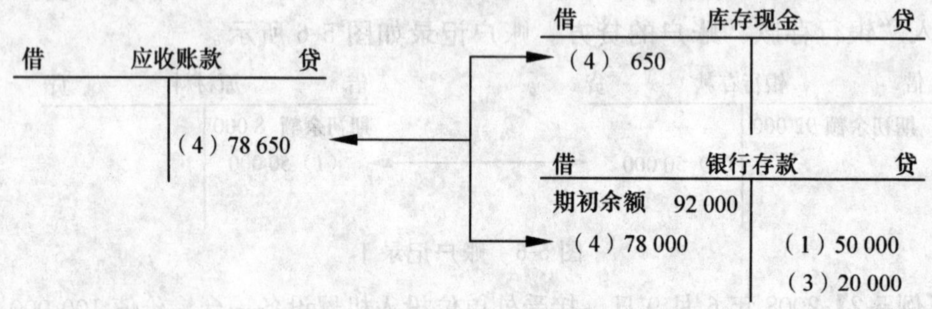

图 5-9 账户记录 4

【例 5-5】2008 年 6 月 21 日，由某公司购入计算机 5 台，共计 75 000 元，以银行存款支付货款 50 000 元，其余暂欠。

这项经济业务的发生，一方面使固定资产增加 75 000 元，另一方面使银行存款减少 50 000 元，同时使应付账款增加 25 000 元。因此，涉及到“固定资产”、“银行存款”和“应付账款”3 个账户。“固定资产”和“银行存款”账户属于资产类，其增加额应记入账户的借方，其减少额应记入账户的贷方；“应付账款”账户属于负债类，其增加额应记入账户的贷方。账户记录如图 5-10 所示。

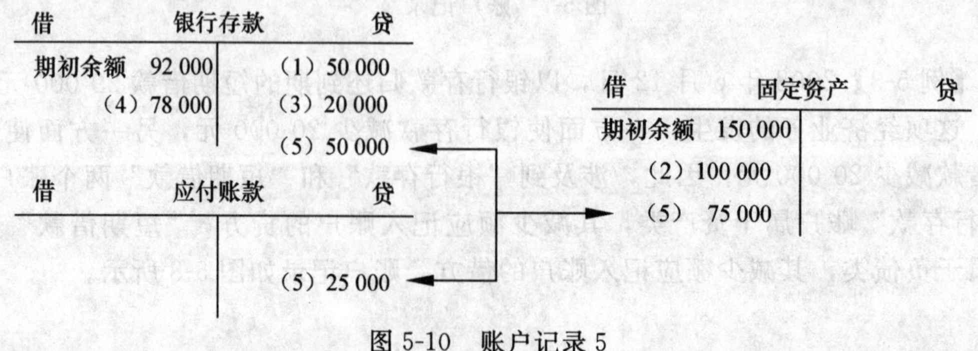

图 5-10 账户记录 5

◎ 归纳与总结

1）每笔经济业务的发生，都会涉及两个或两个以上的账户。

2）每笔经济业务，记入一个账户的借方，同时记入另一个或几个账户的贷方；同理，记入一个账户的贷方，同时记入另一个或几个账户的借方。

3）记入各账户借方和贷方的金额必须相等。

第二节 会计分录

一、账户对应关系与对应账户

运用借贷记账法记录经济业务时，有关账户之间存在着应借、应贷的相互关系，这种关系称为账户的对应关系。存在对应关系的账户，称为对应账户。

例如：企业购入价值 50 000 元材料一批，材料已入库，货款以银行存款支付。这项经济业务应该记入“原材料”账户的借方和“银行存款”账户的贷方。这样，“原材料”账户与“银行存款”账户之间就存在着一种相互依存的对应关系。所以，它们互为对应账户。

注意：账户对应关系是相对于某项具体的经济业务而言的，并非指某个账户与某个账户存在固定的对应关系。

二、会计分录

1. 会计分录的含义

会计分录简称分录，是对发生的经济业务，列示出应借、应贷账户的名称及金额的一种记录。记账方向、账户名称和金额是会计分录的三要素。编制会计分录，要以反映经济业务的原始凭证为依据，以保证会计分录的客观真实性。在会计实务中，会计分录的全部内容都体现在所编制的记账凭证上。

2. 会计分录的书写格式

1）借方在上，贷方在下；借方在左，贷方在右；左右错开一个字格。

2）一级科目与明细科目之间为一破折号，金额后面不必写元。

3. 会计分录编制举例

以【例 5-1】～【例 5-5】为例，说明会计分录的编制方法。

【例 5-6】2008 年 6 月 4 日，购入材料一批，价值 50 000 元。材料已验收入库，货款以银行存款支付。

借：原材料　　　　50 000

贷：银行存款　　50 000

【例 5-7】2008 年 6 月 9 日，接受外单位投入机器设备一台，价值 100 000 元。

借：固定资产　　100 000

贷：实收资本　　100 000

【例 5-8】2008 年 6 月 12 日，以银行存款归还到期的短期借款 20 000 元。

借：短期借款　　20 000

贷：银行存款　　20 000

【例 5-9】2008 年 6 月 18 日，收到外单位所欠货款 78 650 元，其中 78 000 元通过银行收回，另收到现金 650 元。

借：库存现金　　650

银行存款　　78 000

贷：应收账款　　78 650

【例 5-10】2008 年 6 月 21 日，由某公司购入计算机 5 台，共计 75 000 元，货款以银行存款支付 50 000 元，其余暂欠。

借：固定资产　　75 000

贷：银行存款　　50 000

应付账款——某公司　　25 000

4. 会计分录的种类

会计分录按其结构不同，分为简单会计分录和复合会计分录。简单会计分录是指只涉及两个对应账户所组成的会计分录，即“一借一贷”的会计分录，如【例 5-6】、【例 5-7】和【例 5-8】所示；复合会计分录是指涉及两个以上账户组成的会计分录，即“一借多贷”或“一贷多借”的会计分录，如【例 5-9】和【例 5-10】所示。

◎ **归纳与总结**

1）分析经济业务应记入的账户及其增减变化。

2）分析账户的性质及应记入的方向。

3）确定会计分录。

想一想：如果某笔经济业务涉及到几个借方账户和几个贷方账户，是否可以编制多借多贷的会计分录？

第三节　借贷记账法的应用

工业企业的整个经营过程以资金筹集为起点，依次经过采购、生产、销售等阶段，为社会提供合格产品，以满足社会各方面的需要。

一、筹集资金的核算

为满足生产经营的需要，企业必须通过一定的渠道筹集资金。企业筹集资金的渠道主要是企业所有者投资和从银行取得借款。因此，筹资资金的核算包括两个部分：一是投入资本的核算；二是借入资金的核算。

（一）投入资本的核算

企业从事生产经营，必须有一定的“本钱”。我国法律规定，设立企业必须有法定的资本金，即注册资金。为此，企业通过发行股票、吸收直接投资或内部积累等方式来筹集资金。通过这种方式筹集到的资金一般不用归还，构成企业的所有者权益，一般称为投入资本或自有资本。

1. 设置的主要账户——“实收资本”

“实收资本”账户属于所有者权益类账户，用来核算企业投资者投入资本的增减变动情况。贷方登记企业实际收到的投资数额，借方登记企业按照法定程序报经批准减少的资本数额，期末贷方余额表示投入资本的实有数额。该账户应按投资者设置明细分类账户，进行明细分类核算，其账户结构如图 5-11 所示。

借　　　　　　　　实收资本	贷
按照法定程序报经批准减少的资本数额	实际收到的投资数额
	期末余额：投入资本的实有数额

图 5-11　实收资本账户结构

2. 投入资本核算举例

方盛公司 2007 年 12 月发生的经济业务如下：

【例 5-11】2 日，收到国家投入货币资金 850 000 元，已存入银行。

这项经济业务的发生，一方面使企业资产增加 850 000 元，应记入“银行存款”账户的借方；另一方面使所有者权益增加 850 000 元，应记入“实收资本”账户的贷方。编制会计分录如下：

借：银行存款　　850 000

　　贷：实收资本——国家投资　　850 000

【例 5-12】12 日，收到宏远公司投入设备一台，双方协商按设备的账面原始价值 200 000 元入账。

这项经济业务的发生，一方面使企业资产增加了 200 000 元，应记入“固定资产”账户的借方；另一方面使所有者权益增加 200 000 元，应记入“实收资本”账户的贷方。编制会计分录如下：

借：固定资产　　200 000

　　贷：实收资本——宏远公司　　200 000

（二）借入资金的核算

企业从银行取得的借款按偿还期限不同，分为短期借款和长期借款。借款必须按期归还本金，并支付一定的利息。

1. 设置的主要账户

(1)“短期借款”账户：“短期借款”账户属于负债类账户，用来核算企业向银行或其他金融机构借入的偿还期限在1年以内（含1年）的各种借款的增减变动情况。贷方登记借入的短期借款本金数，借方登记到期偿还的短期借款本金数，期末贷方余额表示企业尚未偿还的短期借款本金数。该账户应按借款人或借款种类设置明细账，其账户结构如图 5-12 所示。

借　　短期借款	贷
到期偿还的短期借款本金数	借入的短期借款本金数
	期末余额：尚未偿还的短期借款本金数额

图 5-12　“短期借款”账户结构

(2)“长期借款”账户：“长期借款”账户属于负债类账户，用来核算企业借入的偿还期在1年以上的各种借款的增减变动情况。贷方登记借入的各种长期借款的本金以及利息调整，借方登记到期偿还的长期借款本金及利息的调整，期末贷方余额表示企业尚未偿还的长期借款。该账户应按借款人或借款种类设置明细账，进行明细分类核算，其账户结构如图 5-13 所示。

借　　长期借款	贷
到期偿还的长期借款本金及利息的调整	借入的各种长期借款的本金以及利息调整
	期末余额：尚未偿还的长期借款

图 5-13　“长期借款”账户结构

(3)“财务费用”账户：“财务费用”账户属于损益类账户，用来核算企业为筹集生产经营资金而发生的各种费用，包括企业生产经营期间发生的利息支出（减利息收入）、汇兑净损失、金融机构手续费以及为筹集资金发生的其他费用。借方登记发生的各项财务费用，贷方登记期末转入“本年利润”账户的费用，期末结转后该账户无余额，其账户结构如图 5-14 所示。

借　　财务费用	贷
发生的各项财务费用	期末转入“本年利润”账户的费用

图 5-14　“财务费用”账户结构

2. 借入资金核算举例

方盛公司 2008 年 1 月发生的经济业务如下：

【例 5-13】3 日，因季节性需要从银行借入 120 000 元，期限为 6 个月，年利率为 10%，借款存入银行。

这项经济业务的发生，一方面使企业的资产增加了 120 000 元，应记入“银行存款”账户的借方；另一方面使企业负债增加了 120 000 元，应记入“短期借款”的贷方。编制会计分录如下：

借：银行存款　　120 000

　　贷：短期借款　　120 000

【例 5-14】6 日，支付本月的短期借款利息 1 000 元。

这项经济业务的发生，一方面使企业理财费用增加了 1 000 元，应记入“财务费用”账户的借方；另一方面使企业银行存款减少了 1 000 元，应记入“银行存款”账户的贷方。编制会计分录如下：

借：财务费用　　1 000

　　贷：银行存款　　1 000

【例 5-15】10 日，因扩大生产经营规模需要，向银行借入 400 000 元存入银行，用于购置生产设备，借款期限 2 年，年利率为 14%。

这项经济业务的发生，一方面使企业资产增加了 400 000 元，应记入“银行存款”账户的借方；另一方面使长期负债增加了 400 000 元，应记入“长期借款”的贷方。编制会计分录如下：

借：银行存款　　400 000

　　贷：长期借款　　400 000

【例 5-16】31 日，以银行存款偿还到期的短期借款 70 000 元。

这项经济业务的发生，一方面使企业资产减少了 70 000 元，应记入“银行存款”账户的贷方；另一方面使企业负债减少了 70 000 元，应记入“短期借款”的借方。编制会计分录如下：

借：短期借款　　70 000

　　贷：银行存款　　70 000

二、供应过程的核算

供应过程是企业生产经营过程的第一阶段，主要任务是以货币采购材料物资，为产品生产作必要的储备。因此，供应过程核算的主要内容包括：购入材料物资，与供货方办理价款结算；计算确定材料的采购成本；材料验收入库。

1. 设置的主要账户

(1)“在途物资”账户：“在途物资”账户属于资产类账户，用来核算企业购入材料物资的采购成本。借方登记购入材料物资的买价和采购费用，贷方登记结转已验收入库材料物资的实际成本，期末借方余额表示尚未验收入库的在途物资成本。该账户应按供应单位和材料物资类别设置明细账，进行明细分类核算，其账户结构如图 5-15 所示。

借	在途物资　　　贷
购入材料的买价和采购费用	结转已验收入库材料的实际成本
期末余额：在途材料的实际成本	

图 5-15　“在途物资”账户结构

(2)“原材料”账户：“原材料”账户属于资产类账户，用来核算企业库存材料的增减变动及其结存情况。借方登记验收入库材料的实际成本，贷方登记发出材料的实际成本，期末借方余额表示库存材料的实际成本。该账户应按材料的类别、品种及规格设置明细账，进行明细分类核算，其账户结构如图 5-16 所示。

借	原材料　　　贷
验收入库材料的成本	发出材料的成本
期末余额：库存材料的实际成本	

图 5-16　“原材料”账户结构

(3)“应付账款”账户：“应付账款”账户属于负债类账户，用来核算企业因购买材料物资或接受劳务供应等应付给供应单位的款项。贷方登记企业应付给供应单位的款项，借方登记企业偿还的款项，期末贷方余额表示企业尚未支付的应付款项。该账户应按供应单位设置明细账，进行明细分类核算，其账户结构如图 5-17 所示。

借	应付账款　　　贷
偿还的应付款项	应付而未付的款项
	期末余额：尚未支付的应付款项

图 5-17　“应付账款”账户结构

(4)“应交税费”账户：“应交税费”账户属于负债类账户，用来核算企业应交纳的各种税费，包括增值税、消费税、所得税及教育费附加等。贷方登记应交纳的税费数，借方登记实际交纳的税费数，期末贷方余额表示应交未交的税费，借方余额表示多交的税费。该账户按税种设置明细账，进行明细分类核算。

相关链接

什么是增值税

增值税是国家就货物和应税劳务的增值部分征收的一个税种。根据《中华人民共和国增值税暂行条例》规定，凡在我国境内销售货物或提供加工、修理、修配劳务以及进口货物的单位和个人应当缴纳增值税。一般纳税企业应纳增值税计算公式为

应纳税额＝当期销项税额－当期进项税额

销项税额＝销售额×增值税税率

进项税额＝购进货物或劳务价款×增值税税率

增值税率分别为17％、13％和零税率。

在物资采购、产品销售过程中，主要涉及的税种是增值税。企业应设置"应交税费—应交增值税"明细账来核算增值税额。一般纳税企业应在"应交增值税"明细账内设置"进项税额"、"已交税金"、"销项税额"等专栏，并按规定进行核算。"进项税额"是指企业购买材料时向供货单位支付的增值税额，"销项税额"是指企业销售产品时向购货单位收取的增值税额。"应交税费—应交增值税"账户结构如图5-18所示。

借　　　　应交税费—应交增值税	贷
进项税额和实际交纳的增值税	销项税额
期末余额：尚未抵扣的增值税	期末余额：尚未缴纳的增值税

图5-18　"应交税费"账户结构

2. 供应过程主要经济业务的核算

方盛公司2008年2月发生的经济业务如下：

【例5-17】10日，从海天公司购入甲材料5 000kg，单价12元/kg，共计60 000元，增值税进项税额为10 200元（60 000元×17％），款项已由银行存款支付，材料尚未到达。

这项经济业务的发生，一方面使企业甲材料采购成本增加60 000元，即买价60 000元，应记入"在途物资"账户的借方，增值税进项税额增加10 200元，应记入"应交税费—应交增值税（进项税额）"账户的借方；另一方面使企业银行存款减少70 200元，应记入"银行存款"账户的贷方。编制会计分录如下：

借：在途物资—甲材料　　60 000

　　应交税费—应交增值税（进项税额）　　10 200

　　贷：银行存款　　70 200

【例 5-18】11 日，从海天公司购进乙材料 3 000kg，单价 15 元/kg，共计 45 000 元，增值税进项税额为 7 650 元。货款尚未支付，材料已验收入库。

这项经济业务的发生，一方面使企业乙材料采购成本增加 45 000 元，即材料买价 45 000 元，应记入“原材料”账户的借方，增值税进项税额增加7 650元，应记入“应交税费—应交增值税（进项税额）”账户的借方；另一方面使企业应付账款增加 52 650 元，应记入“应付账款”账户的贷方。编制会计分录如下：

借：原材料—乙材料　　45 000

　　应交税费—应交增值税（进项税额）　　7 650

　　贷：应付账款—海天公司　　52 650

【例 5-19】12 日，以银行存款支付购入甲材料的装卸搬运费 600 元。

这项经济业务的发生，一方面使企业在途材料采购成本增加 600 元，应记入“在途物资”账户的借方；另一方面使企业银行存款减少 600 元，应记入“银行存款”账户的贷方。编制会计分录如下：

借：在途物资—甲材料　　600

　　贷：银行存款　　600

采购成本=买价+采购费用

【例 5-20】15 日，从海天公司购入的甲材料到达，验收入库。

这项经济业务的发生，一方面使企业在途材料采购成本减少 60 600 元，应记入“在途物资”账户贷方；另一方面使库存材料成本增加 60 600 元，应记入“原材料”账户的借方。编制会计分录如下：

借：原材料—甲材料　　60 600

　　贷：在途物资—甲材料　　60 600

供应过程核算程序如图 5-19 所示：

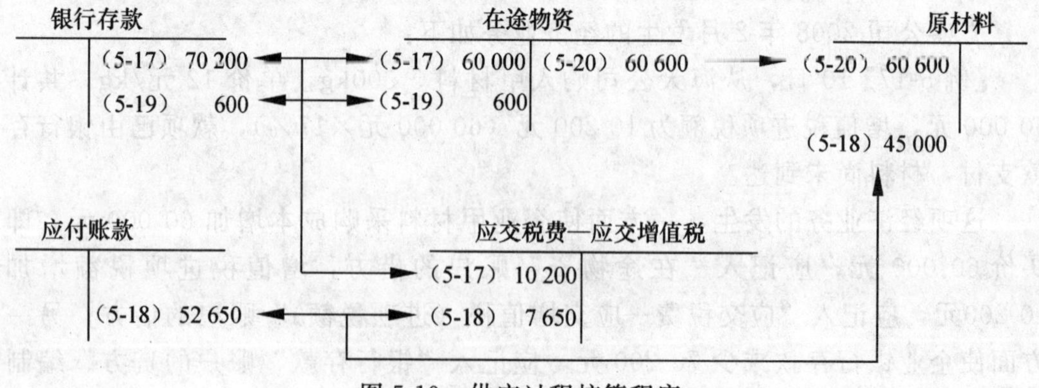

图 5-19　供应过程核算程序

三、生产过程的核算

生产过程是指从投入材料到产品完工并验收入库的全过程。在生产过程中，会发生材料、人工的耗费及机器设备等固定资产的磨损。此外，还会发生其他费用，如办公费、水电费和差旅费等。这些生产耗费最终都归集到产品中去，构成产品的成本。因此，生产过程核算的主要内容包括归集和分配生产费用、计算产品成本。

(一) 设置的主要账户

1.“生产成本”账户

该账户属于成本类账户，用来核算企业产品生产过程中应记入产品成本的各项费用，计算产品的成本。借方登记产品生产直接耗用的材料费、人工费以及月末分配转入的制造费用，贷方登记完工入库产品的生产成本，期末借方余额表示尚未完工的在产品成本。该账户应按产品品种设置明细账，进行明细分类核算，其账户结构如图 5-20 所示。

借　　生产成本	贷
生产产品直接耗用的材料费、人工费以及转入的制造费用	完工入库产品的生产成本
期末余额：尚未完工的在产品成本	

图 5-20 “生产成本”账户结构

2.“制造费用”账户

该账户属于成本类账户，用来归集和分配生产车间为组织和管理生产而发生的不能直接计入产品成本的各项间接费用。借方登记实际发生的各项制造费用，贷方登记月末分配计入“生产成本”账户的制造费用，期末一般无余额。该账户应按生产车间设置明细账，进行明细分类核算，其账户结构如图 5-21 所示。

借　　制造费用	贷
车间发生的各项制造费用	月末分配转出的制造费用

图 5-21 “制造费用”账户结构

3.“应付职工薪酬—工资”账户

该账户属于负债类账户，用来核算企业应付给职工的工资总额和支付情况。贷方登记本月结算的应付职工工资总额，借方登记本月实际发放的工资总额，期末贷方余额表示应付未付的工资额。其账户结构如图 5-22 所示。

借	应付职工薪酬—工资	贷
实际发放的工资额		结算的应付职工工资总额
		期末余额：应付未付的工资额

图 5-22 “应付职工薪酬—工资”账户结构

4.“应付职工薪酬—职工福利”账户

该账户属于负债类账户，用来核算企业职工福利费提取与使用情况。贷方登记职工福利费的提取数，借方登记职工福利费的使用数，期末贷方余额表示职工福利费的结余额，其账户结构如图 5-23 所示。

借	应付职工薪酬—职工福利	贷
职工福利费的支用数		职工福利费的提取数
		期末余额：职工福利费的结余额

图 5-23 “应付职工薪酬—职工福利”账户结构

5.“累计折旧”账户

固定资产在使用中其实物形态基本不变，但其价值随着磨损逐渐转移到成本费用中去，并从产品的销售收入中得到补偿。这部分逐渐转移的价值，称为固定资产折旧。

“累计折旧”账户属于资产类账户，是“固定资产”账户的抵减账户，用来核算固定资产提取的折旧额。贷方登记企业提取的折旧额，借方登记减少固定资产而冲销的折旧额，期末贷方余额表示现有固定资产的累计折旧额，其账户结构如图 5-24 所示。

借	累计折旧	贷
减少固定资产而冲销的折旧额		提取的固定资产折旧额
		期末余额：提取的累计折旧额

图 5-24 “累计折旧”账户结构

6.“管理费用”账户

“管理费用”账户属于损益类账户，用来核算企业行政管理部门为组织和管理生产经营活动而发生的各种费用。借方登记发生的各项管理费用，贷方登记转入“本年利润”账户的管理费用，期末结转后无余额。该账户应按费用项目设置明细账，进行明细分类核算，其账户结构如图 5-25 所示。

借	管理费用	贷
发生的各项管理费用		转入“本年利润”账户的管理费用

图 5-25 “管理费用”账户结构

7.“库存商品”账户

“库存商品”账户属于资产类账户，用来核算企业库存产成品的增减变动及结存情况。借方登记已经完工并验收入库的各种产成品的成本，贷方登记已经发出的各种产成品的成本，期末借方余额表示库存产成品的成本。该账户按产成品的种类、品种和规格设置明细账，进行明细分类核算。其账户结构如图 5-26 所示。

借	库存商品 贷
完工入库的产成品成本	发出的产成品成本
期末余额：库存产成品的实际成本	

图 5-26 “库存商品”账户结构

(二) 生产过程的核算

1. 耗用材料的核算

【例 5-21】2007 年 12 月 31 日，本月仓库发出材料汇总表见表 5-2。

表 5-2 发出材料汇总表

2007 年 12 月 31 日

项 目	甲材料		乙材料		合 计
	数量/kg	金额/元	数量/kg	金额/元	
A 产品生产耗用	2 000	30 000	1 500	27 000	57 000
B 产品生产耗用	900	13 500			13 500
小 计	2 900	43 500	1 500	27 000	70 500
车间一般耗用			400	7 200	7 200
管理部门耗用			200	3 600	3 600
合 计	2 900	43 500	2 100	37 800	81 300

这项经济业务的发生，一方面使企业库存材料减少了 81 300 元，应记入“原材料”账户的贷方；另一方面使成本、费用增加了 81 300 元，其中用于 A、B 产品生产耗用的材料，应记入“生产成本”账户的借方，车间一般耗用材料，应记入“制造费用”账户的借方，管理部门耗用的材料，应记入“管理费用”账户的借方。编制会计分录如下：

借：生产成本—A 产品　　57 000
　　　　　　—B 产品　　13 500
　　制造费用　　7 200
　　管理费用　　3 600
　贷：原材料—甲材料　　43 500
　　　　　　—乙材料　　37 800

2. 人工费用的核算

方盛公司2008年1月发生的经济业务如下：

【例5-22】13日，向银行提取现金100 000元，准备发放工资。

这项经济业务的发生，一方面使现金增加了100 000元，应记入“库存现金”账户的借方；另一方面使银行存款减少了100 000元，应记入“银行存款”账户的贷方。编制会计分录如下：

借：库存现金　　100 000
　　贷：银行存款　　100 000

【例5-23】14日，以现金100 000元支付本月职工工资。

这项经济业务的发生，一方面使现金减少100 000元，应记入“库存现金”账户的贷方；另一方面使应付职工工资也减少了100 000元，应记入“应付职工薪酬”账户的借方。编制会计分录如下：

借：应付职工薪酬—工资　　100 000
　　贷：库存现金　　100 000

【例5-24】31日，分配本月发生的工资费用。其中，生产A产品工人工资42 000元，生产B产品工人工资30 000元，车间管理人员工资16 000元，厂部行政管理人员工资12 000元。

这项经济业务的发生，一方面使企业应付职工工资增加了100 000元，应记入“应付职工薪酬—工资”账户的贷方；另一方面使应分配记入成本、费用中的工资费用也增加了100 000元，应分别记入“生产成本”账户、“制造费用”账户与“管理费用”账户的借方。编制会计分录如下：

借：生产成本—A产品　　42 000
　　　　　　—B产品　　30 000
　　制造费用　　16 000
　　管理费用　　12 000
　　贷：应付职工薪酬—工资　　100 000

【例5-25】31日，按照工资总额的14%计提职工福利费14 000元。其中，按生产A产品工人工资提取5 880元，按生产B产品工人工资提取4 200元，按车间管理人员工资提取2 240元，按厂部行政管理人员工资提取1 680元。

职工福利费是企业用于职工医药费、生活困难补助等福利方面的资金。企业按照规定的比例从工资总额中提取，在尚未使用之前形成对职工的一种负债。

这项经济业务的发生，一方面使企业应付职工福利费增加了14 000元，应记入“应付职工薪酬—职工福利”账户的贷方；另一方面使应分配记入成本、费用中的福利费用也增加了14 000元，应记入“生产成本”账户、“制造费用”账户和“管理费用”账户的借方。编制会计分录如下：

借：生产成本—A 产品　　5 880
　　　　　　—B 产品　　4 200
　　制造费用　　2 240
　　管理费用　　1 680
　　贷：应付职工薪酬—职工福利　　14 000

3. 制造费用的核算

方盛公司 2008 年 1 月发生的经济业务如下：

【例 5-26】18 日，以银行存款支付本月水电费 4 160 元，其中生产车间 3 500元，行政管理部门 660 元。

这项经济业务的发生，一方面使银行存款减少 4 160 元，应记入“银行存款”账户的贷方；另一方面使费用增加了 4 160 元，应记入“制造费用”账户和“管理费用”账户的借方。编制会计分录如下：

借：制造费用　　3 500
　　管理费用　　660
　　贷：银行存款　　4 160

【例 5-27】31 日，计提本月固定资产折旧费 35 000 元，其中生产车间固定资产应提折旧 24 500 元，行政管理部门固定资产应提折旧 10 500 元。

这项经济业务的发生，一方面使费用增加，应分别记入“制造费用”账户和“管理费用”账户的借方；另一方面使固定资产价值因磨损而减少，即累计折旧增加，应记入“累计折旧”账户的贷方。编制会计分录如下：

借：制造费用　　24 500
　　管理费用　　10 500
　　贷：累计折旧　　35 000

【例 5-28】31 日，将本月发生的制造费用总额 53 440 元转入生产成本，其中 A 产品负担 32 064 元，B 产品负担 21 376 元。

这项经济业务的发生，一方面使制造费用因转销而减少 53 440 元，应记入“制造费用”账户的贷方；另一方面使产品生产成本增加 53 440 元，应记入“生产成本”账户的借方。编制会计分录如下：

借：生产成本—A 产品　　32 064
　　　　　　—B 产品　　21 376
　　贷：制造费用　　53 440

4. 完工产品成本的结转

【例 5-29】31 日，结转本月已完工入库产品的生产成本。其中：A 产品

1 000件全部完工，总成本为136 944元；B 产品 300 件全部完工，总成本为69 076元。

这项经济业务的发生，一方面使企业库存商品增加了 136 944 元，应记入“库存商品”账户的借方；另一方面使产品生产成本因结转而减少了 136 944 元，应记入“生产成本”账户的贷方。编制会计分录如下：

借：库存商品—A 产品　　　　　　　　　　　　　　　　136 944
　　　　　　—B 产品　　　　　　　　　　　　　　　　69 076
　　贷：生产成本—A 产品　　　　　　　　　　　　　　　136 944
　　　　　　　—B 产品　　　　　　　　　　　　　　　69 076

生产过程核算程序如图 5-27 所示。

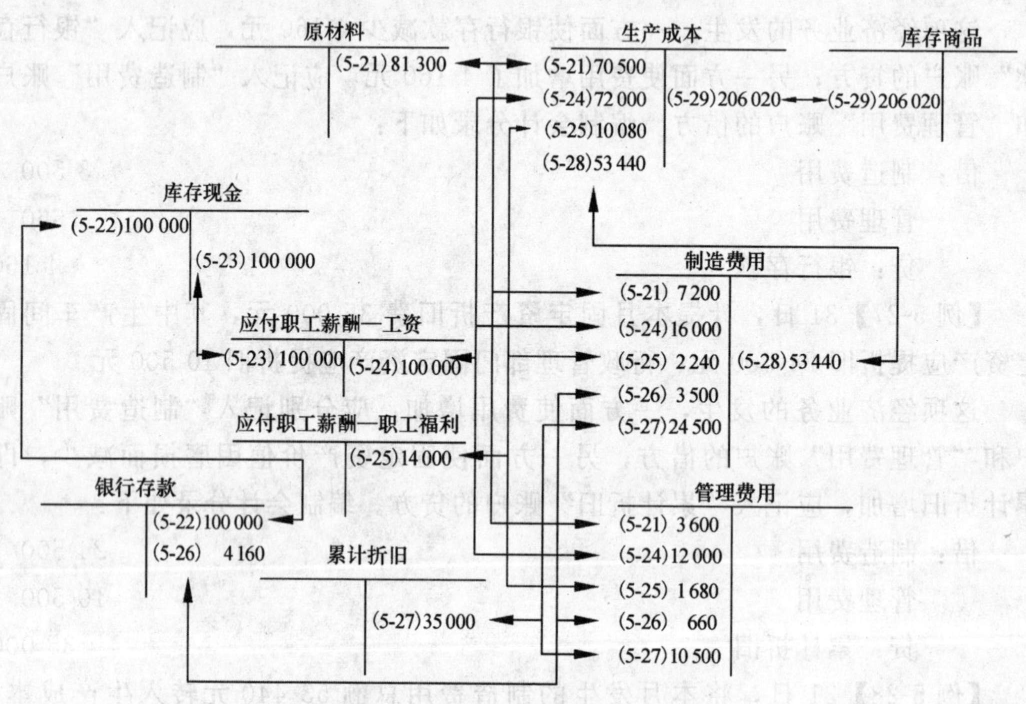

图 5-27 生产过程核算程序

四、销售过程的核算

销售过程是企业生产经营过程的最后阶段。通过产品销售，取得销售收入，实现货币资金的循环。因此，销售过程核算的内容包括：办理销售产品或提供劳务的价款结算，并确认取得的销售收入；结转产品的销售成本、计算应向国家交纳的营业税金及附加费、支付销售费用、确认销售成果等。

1. 设置的主要账户

(1)“主营业务收入”账户：“主营业务收入”账户属于损益类账户，用来核算企业在销售产品或提供劳务过程中取得的收入。贷方登记本期实现的主营业务收入，借方登记销售退回以及期末转入“本年利润”账户的收入，期末结转后该账户无余额。该账户应按产品或劳务类别设置明细账，进行明细账分类核算，其账户结构如图 5-28 所示。

借　　　　主营业务收入	贷
销售退回及期末转出数	本期实现的主营业务收入

图 5-28　“主营业务收入”账户结构

(2)“主营业务成本”账户：“主营业务成本”账户属于损益类账户，用于核算企业已销售产品或提供劳务而发生的生产成本。借方登记从“库存商品”账户转入的已销售产品的生产成本，贷方登记期末转入“本年利润”账户的销售成本，期末结转后无余额。该账户应按产品类别设置明细账，进行明细分类核算，其账户结构如图 5-29 所示。

借　　　　主营业务成本	贷
转入的已销售产品的生产成本	期末转出的销售成本

图 5-29　“主营业务成本”账户结构

(3)“营业税金及附加”账户：“营业税金及附加”账户属于损益类账户，用来核算企业因销售产品等业务应负担的税金及附加，包括营业税、消费税、教育费附加等。借方登记本期应负担的各种税费，贷方登记期末转入“本年利润”账户的税费，期末结转后无余额。该账户按经营业务类别、品种设置明细账，进行明细分类核算，其账户结构如图 5-30 所示。

借　　　　营业税金及附加	贷
计算的营业税金及附加	结转的营业税金及附加

图 5-30　“营业税金及附加”账户结构

(4)“销售费用”账户：“销售费用”账户属于损益类账户，用来核算企业因销售产品而发生的各种销售费用（如广告费等）。借方登记本月发生的各项销售费用，贷方登记期末转入“本年利润”账户的销售费用，期末结转后无余额。该账户按费用项目设置明细账，进行明细分类核算，其账户结构如图 5-31 所示。

借	销售费用	贷
发生的各项销售费用	期末转出的销售费用	

图 5-31 “销售费用”账户结构

(5)“应收账款”账户：“应收账款”账户属于资产类账户，用来核算企业因销售产品或提供劳务而向购货单位收取的款项。借方登记企业应向购货单位收取的款项，贷方登记企业已收回的销货款，期末借方余额表示企业应收而尚未收回的款项。该账户按购货单位设置明细账，进行明细分类核算，其账户结构如图 5-32 所示。

借	应收账款	贷
向购货单位收取的款项	已收回的销货款	
期末余额：应收而尚未收回的款项		

图 5-32 “应收账款”账户结构

(6)“其他业务收入”账户：“其他业务收入”账户属于损益类账户，用来核算企业因发生其他业务而取得的收入，包括材料销售、技术转让、固定资产出租、包装物出租以及运输等非工业性劳务收入等。贷方登记企业取得的其他业务收入数额，借方登记期末转入“本年利润”账户的收入，期末结转后该账户无余额。其账户结构如图 5-33 所示。

借	其他业务收入	贷
期末转出的其他业务收入	取得的其他业务收入数额	

图 5-33 “其他业务收入”账户结构

(7)“其他业务成本”账户：“其他业务成本”账户属于损益类账户，用来核算企业发生的与其他业务收入相关的各项支出。借方登记企业的其他业务支出，贷方登记期末转入“本年利润”账户的支出，期末结转后该账户无余额。其账户结构如图 5-34 所示。

借	其他业务成本	贷
发生的各项其他业务支出	期末转出的其他业务支出数额	

图 5-34 “其他业务成本”账户结构

2. 销售过程的业务核算

方盛公司 2008 年 1 月发生的经济业务如下：

【例 5-30】15 日，销售给江南公司 A 产品 500 件，每件售价 360 元，增值税专用发票上注明价款 180 000 元，增值税额 30 600 元，产品已发出，款项收到并存入银行。

这项经济业务的发生，一方面使企业实现销售收入 180 000 元，增值税销项税额增加 30 600 元，应记入“主营业务收入”账户和“应交税费”账户的贷方；另一方面银行存款增加 210 600 元，应记入“银行存款”账户的借方。编制会计分录如下：

借：银行存款	210 600
贷：主营业务收入—A 产品	180 000
应交税费—应交增值税（销项税额）	30 600

【例 5-31】16 日，销售给华欣公司 B 产品 200 件，每件售价 400 元，增值税专用发票上注明价款 80 000 元，增值税额 13 600 元，垫付运杂费 2 400 元，款项尚未收到。

这项经济业务的发生，一方面使企业实现销售收入 80 000 元，增值税销项税额增加 13 600 元，垫付运杂费使银行存款减少了 2 400 元，应记入“主营业务收入”账户、“应交税费—应交增值税”账户和“银行存款”账户的贷方；另一方面使应收华欣公司货款增加 96 000 元，应记入“应收账款”账户的借方。编制会计分录如下：

借：应收账款—华欣公司	96 000
贷：主营业务收入—B 产品	80 000
应交税费—应交增值税（销项税额）	13 600
银行存款	2 400

【例 5-32】27 日，对外出售多余材料一批，售价为 6 000 元，增值税税额为 1 020 元。款项已收到并存入银行。

这项经济业务的发生，一方面使其他业务收入增加 6 000 元，增值税销项税额增加 1 020 元，应记入“其他业务收入”账户和“应交税费—应交增值税”账户的贷方；另一方面银行存款增加 7 020 元，应记入“银行存款”账户的借方。编制会计分录如下：

借：银行存款	7 020
贷：其他业务收入	6 000
应交税费—应交增值税（销项税额）	1 020

【例 5-33】27 日，结转已变卖材料的实际成本 4 800 元。

这项经济业务的发生，一方面使材料销售成本增加了 4 800 元，应记入“其他业务成本”账户的借方；另一方面库存材料减少了 4 800 元，应记入

"原材料"账户的贷方。编制会计分录如下：

借：其他业务成本 4 800

　　贷：原材料 4 800

【例 5-34】28 日，企业接到银行通知，已收到华欣公司承付的购货款及运杂费 96 000 元。

这项经济业务的发生，一方面使银行存款增加了 96 000 元，应记入"银行存款"账户的借方；另一方面使应收账款减少了 96 000 元，应记入"应收账款"账户的贷方。编制会计分录如下：

借：银行存款 96 000

　　贷：应收账款—华欣公司 96 000

【例 5-35】28 日，以银行存款支付广告费用 4 400 元。

这项经济业务的发生，一方面使销售费用增加了 4 400 元，应记入"销售费用"账户的借方；另一方面使银行存款减少了 4 400 元，应记入"银行存款"账户的贷方。编制会计分录如下：

借：销售费用 4 400

　　贷：银行存款 4 400

【例 5-36】31 日，结转本月已售产品的成本 108 590 元，其中 A 产品生产成本为 87 000 元，B 产品生产成本为 21 590 元。

这项经济业务的发生，一方面使库存商品减少 108 590 元，应记入"库存商品"账户的贷方；另一方面销售成本增加 108 590 元，应记入"主营业务成本"账户的借方。编制会计分录如下：

借：主营业务成本—A 产品 87 000

　　　　　　　　—B 产品 21 590

　　贷：库存商品—A 产品 87 000

　　　　　　　　—B 产品 21 590

【例 5-37】31 日，企业按税法规定，计算出本月应缴纳城市维护建设税 10 200元，教育费附加 4 370 元。

城市维护建设税（简称城建税）是一种附加税，教育费附加是一种附加费。二者均以纳税人实际缴纳的增值税、消费税、营业税的税额为计税依据而计算征收。

这项经济业务的发生，一方面使营业税金及附加增加 14 570 元，应记入"营业税金及附加"账户的借方；另一方面使应交税费增加 14 570 元，应记入"应交税费"账户的贷方。编制会计分录如下：

借：营业税金及附加 14 570

贷：应交税费—应交城市维护建设税　　　　　　10 200

　　　　　　—应交教育费附加　　　　　　　　4 370

五、利润形成与分配的核算

(一) 利润的构成

企业在一定期间内进行经营活动的最终成果，就是企业所实现的利润或亏损。利润由营业利润、利润总额和净利润三部分构成。用公式表示为

营业利润＝营业收入－营业成本－营业税金及附加－销售费用－财务费用－管理费用＋投资收益

利润总额＝营业利润＋营业外收入－营业外支出

净利润＝利润总额－所得税费用

注：营业收入为主营业务收入与其他业务收入之和；营业成本为主营业务成本与其他业务成本之和。

(二) 利润形成的核算

1. 设置的主要账户

(1)“营业外收入”账户：“营业外收入”账户属于损益类账户，用来核算企业发生的与其生产经营无直接关系、直接计入当期利润的各项利得，包括固定资产盘盈、处置固定资产净收益、确实无法支付的应付款项、罚款收入等。贷方登记企业取得的各项营业外收入，借方登记期末转入“本年利润”账户的收入，期末结转后该账户无余额。其账户结构如图 5-35 所示。

借　　　　营业外收入	贷
期末转出的营业外收入	取得的各项营业外收入

图 5-35 “营业外收入”账户结构

(2)“营业外支出”账户：“营业外支出”账户属于损益类账户，用来核算企业发生的与其生产经营无直接关系、直接计入当期利润的的各项损失，包括固定资产盘亏、处置固定资产净损失、罚款支出和非常损失等。借方登记企业发生的各项营业外支出，贷方登记期末转入“本年利润”账户的支出，期末结转后该账户无余额。其账户结构如图 5-36 所示。

借　　　　营业外支出	贷
发生的各项营业外支出	期末转出的营业外支出数额

图 5-36 “营业外支出”账户结构

(3)“本年利润”账户：“本年利润”账户属于所有者权益类账户，用来核算企业在本年度实现的净利润（或净亏损）。贷方登记从损益类账户转入的各项收入，借方登记从损益类账户转入的各项费用，期末贷方余额表示本年实现的利润，期末借方余额表示本年发生的亏损。年度终了，应将本年实现的净利润（或亏损）结转到“利润分配”账户，结转后该账户无余额。其账户结构如图 5-37 所示。

借　　　本年利润	贷
从损益类账户转入的费用	从损益类账户转入的收入
发生的亏损、转入“利润分配”账户的年利润	实现的利润、转入“利润分配”账户的年亏损

图 5-37 “本年利润”账户结构

(4)“所得税费用”账户：所得税是企业按照国家税法的规定，对企业实现的经营所得和其他所得，按照规定的税率计算交纳税款的一个税种。目前我国企业的所得税税率一般为 25%。

“所得税费用”账户属于损益类账户，用来核算和监督企业的所得税费用。

借方登记本期应交纳的所得税，贷方登记期末转入“本年利润”账户的所得税，结转后该账户无余额。其账户结构如图 5-38 所示。

借　　　所得税费用	贷
应交纳的所得税税额	期末转出的所得税税额

图 5-38 “所得税费用”账户结构

(5)“投资收益”账户：“投资收益”账户属于损益类账户，用来核算企业对外投资的收益或损失。贷方登记投资收益，借方登记投资损失，期末无论是收益还是损失，都应转入“本年利润”账户，结转后该账户无余额。其账户结构如图 5-39 所示。

借　　　投资收益	贷
发生的投资损失	取得的投资收益
期末转出的投资净收益	期末转出的投资净损失

图 5-39 “投资收益”账户结构

2. 利润形成的核算

方盛公司 2008 年 1 月所发生的经济业务如下：

【例 5-38】8 日，收到某单位的违约罚款收入 32 000 元，存入银行。

这项经济业务的发生，一方面使企业营业外收入增加了 32 000 元，应记入“营业外收入”账户的贷方；另一方面使企业的银行存款增加了 32 000 元，应记入“银行存款”账户的借方。编制会计分录如下：

借：银行存款　　32 000
　　贷：营业外收入　　32 000

【例 5-39】28 日，用银行存款 2 900 元支付税收罚款滞纳金。

这项经济业务的发生，一方面使企业的营业外支出增加 2 900 元，应记入“营业外支出”账户的借方；另一方面使企业的银行存款减少 2 900 元，应记入“银行存款”账户的贷方。编制会计分录如下：

借：营业外支出　　2 900
　　贷：银行存款　　2 900

【例 5-40】31 日，结转本期所有收入类账户的余额。其中：主营业务收入 260 000 元，其他业务收入 6 000 元，营业外收入 32 000 元。

将以上收入类账户的贷方余额转入“本年利润”账户借方。编制会计分录如下：

借：主营业务收入　　260 000
　　其他业务收入　　6 000
　　营业外收入　　32 000
　　贷：本年利润　　298 000

【例 5-41】31 日，结转本期所有费用类账户的余额。其中：主营业务成本 108 590 元，其他业务成本 4 800 元，营业税金及附加 14 570 元，销售费用 4 400元，管理费用 28 440 元，财务费用 1 000 元，营业外支出 2 900 元。

将以上费用、支出类账户的余额转入“本年利润”账户的借方。编制会计分录如下：

借：本年利润　　164 700
　　贷：主营业务成本　　108 590
　　　　其他业务成本　　4 800
　　　　营业税金及附加　　14 570
　　　　销售费用　　4 400
　　　　管理费用　　28 440
　　　　财务费用　　1 000
　　　　营业外支出　　2 900

【例 5-42】31 日，计算 12 月份应交所得税。

12 月份实现利润总额＝（298 000－164 700）元 ＝ 133 300 元

12 月份应纳所得税税额＝133 300 元×25％ ＝ 33 325 元

这项经济业务的发生，一方面使所得税费用增加 33 325 元，应记入“所得税费用”账户的借方；另一方面使应交税费增加 33 325 元，应记入“应交税费—应交所得税”账户的贷方。编制会计分录如下：

借：所得税费用　　33 325

　　贷：应交税费—应交所得税　　33 325

【例 5-43】31 日，将当期所得税费用转入“本年利润”账户。

这项经济业务的发生，一方面使企业的所得税费用减少 33 325 元，应记入“所得税费用”账户的贷方；另一方面使本年利润减少 33 325 元，应记入“本年利润”账户的借方。编制会计分录如下：

借：本年利润　　33 325

　　贷：所得税费用　　33 325

（三）利润分配的核算

企业实现的利润总额除向国家交纳所得税外，税后利润属于企业的净收益，应按照规定的程序进行分配，如提取盈余公积金、向投资者分配利润等。

1. 账户设置

（1）“利润分配”账户：“利润分配”账户属于所有者权益账户，是“本年利润”账户的备抵附加调整账户，用来核算企业利润的分配（或亏损的弥补）情况。借方登记利润的分配数，贷方登记从“本年利润”账户转入的全年净利润。该账户应按分配项目设置明细账，进行明细分类核算，其账户结构如图 5-40 所示。

借　　　　利润分配	贷
利润的分配数及年末从“本年利润”账户转入的亏损	年末从“本年利润”账户转入的净利润
期末余额：尚未弥补的亏损	期末余额：尚未分配的利润

图 5-40 “利润分配”账户结构

（2）“盈余公积”账户：“盈余公积”账户属于所有者权益类账户，用来核算和监督企业提取的盈余公积。贷方登记提取的盈余公积数，借方登记盈余公积补亏数和转增资本数，期末贷方余额表示盈余公积结余数。其账户结构如图 5-41 所示。

借	盈余公积	贷
盈余公积的使用数		按规定提取的盈余公积
		期末余额：盈余公积结余数

图 5-41 “盈余公积”账户结构

2. 利润分配的核算

方盛公司 2007 年 12 月发生的经济业务如下：

【例 5-44】31 日，企业按全年净利润的 10％提取法定盈余公积。假设 1～11 月份累计净利润为 697 200 元。

本月净利润＝（133 300－33 325）元＝99 975 元

本年累计净利润＝（697 200＋99 975）元＝797 175 元

本年应提取法定盈余公积＝797 175 元×10％ ＝79 717.50 元

这项经济业务的发生，一方面使盈余公积增加 79 717. 50 元，应记入“盈余公积”账户的贷方；另一方面使利润分配增加 79 717. 50 元，应记入“利润分配”账户的借方。编制会计分录如下：

借：利润分配—提取法定盈余公积　　79 717.50
　　贷：盈余公积—法定盈余公积　　79 717.50

【例 5-45】31 日，根据公司章程规定，向投资者分配利润 350 000 元。

这项经济业务的发生，一方面使应付给投资者的利润增加 350 000 元，应记入“应付股利”账户的贷方；另一方面使利润分配增加 350 000 元，应记入“利润分配”账户的借方。编制会计分录如下：

借：利润分配—应付股利　　350 000
　　贷：应付股利　　350 000

【例 5-46】31 日，将“本年利润”账户进行年终结转，并将“利润分配”账户有关明细账数额转入“未分配利润”明细账户。

借：本年利润　　797 175
　　贷：利润分配—未分配利润　　797 175

借：利润分配—未分配利润　　429 717. 50
　　贷：利润分配—提取法定盈余公积　　79 717. 50
　　　　利润分配—应付股利　　350 000

“利润分配—未分配利润”账户年终贷方余额为企业未分配利润。

本章小结

借贷记账法是以“借”、“贷”作为记账符号，反映各项会计要素增减变动情况的一种复式记账法，其记账规则为有借必有贷、借贷必相等；采用借贷记账法进行经济业务的核算时，在填制记账凭证前，要确定会计分录，会计分录的三要素是账户、方向和金额。工业企业的主要经营过程包括资金筹集、材料采购、产品生产和产品销售及利润形成与分配等。因此，核算的内容主要有账户设置、账务处理和采购成本、生产成本和利润的计算等。

案例分析

资料：华艺公司根据2007年6月发生的经济业务，编制会计分录如下：

1. 2日，收到A公司投资设备一台，价值120 000元。编制会计分录如下：

借：固定资产　　120 000
　　贷：银行存款　　120 000

2. 4日，归还流动资金借款30 000元。编制会计分录如下：

借：应付账款　　30 000
　　贷：银行存款　　30 000

3. 5日，采购材料一批，价款4 000元，增值税680元，以银行存款支付。编制会计分录如下：

借：在途物资　　4 000
　　贷：应交税费—应交增值税（进项税额）　　680
　　　　银行存款　　3 320

思考：分析以上经济业务的账务处理是否正确，如有错误，请分析其存在的问题并予以纠正。

课外活动建议　组织学生到企业学习参观，了解工业企业的经营过程；请财务部门各岗位会计人员展示他们的记账凭证和账簿记录，注意借贷记账法的应用。

知识拓展

中华人民共和国财政部．企业会计准则［M］．北京：经济科学出版社，2006.

第六章 记账凭证

◎ **知识目标**

1. 了解记账凭证的种类及内容。
2. 熟悉记账凭证填制的方法。
3. 掌握记账凭证审核的内容。

◎ **能力目标**

1. 会填制记账凭证。
2. 能审核记账凭证。

◎ **情感目标**

记账凭证是形式，原始凭证是实质，实质和形式的有机结合是我们最高的追求。通过简洁的格式表达真实而复杂的内容，是一种升华，也是一种积累。耐心细致、踏实认真的工作作风始终是我们要努力的目标，也是会计人员的职业素养。坚持会使你收获知识，还会收获严谨的工作作风。

1. 资料准备：装订好的记账凭证若干本。
2. 分组安排：7～8 人为 1 组（科室），实行组长（科长）负责制。
3. 课时安排：5 学时。

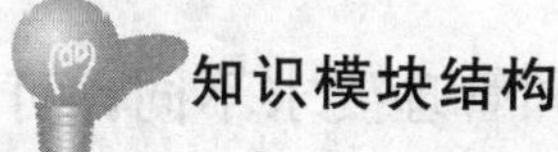

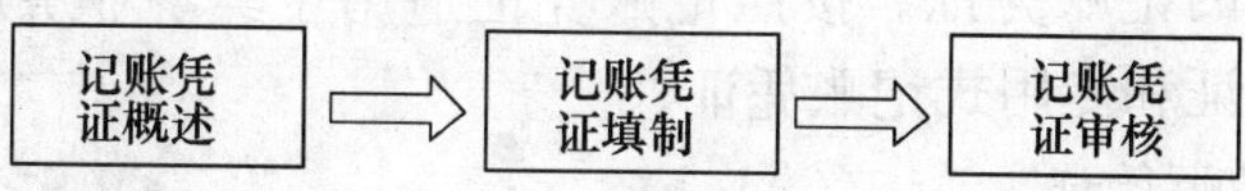

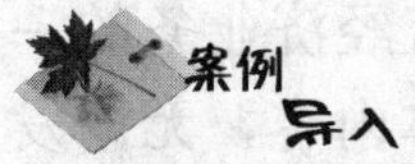

在对某公司进行的年终审计中，财务处会计李蕾被查出有舞弊行为。李蕾借工作之便，将许多发票如出租车收据、餐饮发票等积累起来，集中填制一张记账凭证，并使记账凭证的金额大于原始凭证的汇总数，每次相差金额并不大。但通过多次运用类似手法，竟从企业倒腾了 330 000 余元入自己的腰包。

想一想：原始凭证和记账凭证有何关系？审核记账凭证时应注意哪些方面？

第一节　记账凭证的意义和种类

一、记账凭证的意义

记账凭证是根据审核无误的原始凭证或原始凭证汇总表填制的会计凭证，用于确定会计分录，也是登记会计账簿的直接依据。在会计实务中，通常把记账凭证称为“传票”。

在会计核算中，为什么既要填制原始凭证又要编制记账凭证呢？这是因为原始凭证种类很多，格式和内容也很不统一，并且原始凭证中只记录了经济业务的实际情况，并没有标明应该记入的会计账户名称和记账方向。所以，根据原始凭证登记账簿容易发生差错，而且一旦发生差错很不容易查找。而记账凭证是由会计人员根据审核无误的原始凭证，按其内容应用会计科目和记账方法加以归类整理的会计凭证，它表明了经济业务应该记入的账户名称和记账方向。这样既有利于防止和减少差错的发生，保证账簿记录的真实可靠性，也便于了解企业的经济业务和经营状况，便于检查各项经济业务的真实性和合法性。因此，应根据原始凭证填制记账凭证，然后再根据记账凭证登记会计账簿。

二、记账凭证的种类

记账凭证的性质和用途都是相同的，由于企业规模和管理要求不同，可以采用不同格式的记账凭证。按照记账凭证适用于经济业务范围的不同，分为通用式记账凭证和专用式记账凭证。

1. 通用式记账凭证

通用式记账凭证，简称为通用记账凭证，是指适用于所有经济业务的一种记账凭证。采用通用式记账凭证，无需考虑经济业务的具体内容，无论发生哪种经济业务都可填制这种记账凭证。通用式记账凭证适宜规模较小、经济业务量较少的企业，其一般格式如图 6-1 所示。

转 账 凭 证

年 月 日 字第 号

摘 要	总账科目	明细科目	借方金额										贷方金额										√
			千	百	十	万	千	百	十	元	角	分	千	百	十	万	千	百	十	元	角	分	
	总 计																						

附单据 张

会计主管： 记账： 复核： 制单： 出纳：

图 6-1 记账凭证

2. 专用式记账凭证

专用式记账凭证，简称为专用记账凭证，是指分别适用于不同类别经济业务的一种记账凭证。采用专用式记账凭证，需要将经济业务分为收款业务、付款业务和转账业务，与此相对应需要分别填制收款凭证、付款凭证和转账凭证。专用记账凭证主要适宜规模较大、经济业务量较多的企业。

1）收款凭证是用以记录企业收款业务的记账凭证。收款业务是指只涉及现金或银行存款收入的经济业务。例如，收到对方违约的罚款收入、收到的销货款收入等业务需要填制收款凭证。收款凭证的一般格式如图 6-2 所示。

收 款 凭 证

借方科目： 年 月 日 收字第 号

摘 要	贷方科目		金 额										√
	总账科目	明细科目	千	百	十	万	千	百	十	元	角	分	
	合计金额												

附单据 张

会计主管： 记账： 复核： 制单： 出纳：

图 6-2 收款凭证

收款凭证又可根据业务收到的具体对象不同区分为现金收款凭证和银行存款收款凭证两种。在实际业务中，收款记账凭证一般用红色印制。

2）付款凭证是用以记录付款业务的记账凭证。付款业务是指只涉及现金或银行存款支付的经济业务。例如，用现金支付职工差旅费、用银行存款支付材料费等业务需要填制付款凭证。付款凭证的一般格式如图 6-3 所示。

付 款 凭 证

贷方科目：　　　　　　　年　　月　　日　　　　　　　　付字第　号

摘　要	借方科目		金　额										√
	总账科目	明细科目	千	百	十	万	千	百	十	元	角	分	
合计金额													

附单据　张

会计主管：　　　记账：　　　复核：　　　制单：　　　出纳：

图 6-3　付款凭证

付款凭证又可根据业务支付的具体对象不同区分为现金付款凭证和银行存款付款凭证两种。在实际业务中，付款凭证一般用蓝色或绿色印制。

想一想：将现金存入银行或者从银行提取现金时，应该填制收款凭证还是付款凭证？

3）转账凭证是用以记录转账业务的记账凭证。转账业务是指与现金和银行存款收付无关的经济业务。在实际业务中，转账凭证一般用黑色印制。转账凭证的一般格式如图 6-4 所示。

转 账 凭 证

年　　月　　日　　　　　　　　转字第　号

摘　要	总账科目	明细科目	√	借方金额										√	贷方金额									
				千	百	十	万	千	百	十	元	角	分		千	百	十	万	千	百	十	元	角	分
总　计																								

附单据　张

会计主管：　　　记账：　　　复核：　　　制单：　　　出纳：

图 6-4　转账凭证

三、记账凭证的基本内容

记账凭证是登记账簿的直接依据，既应满足记账的要求，也应如实反映原始凭证的经济业务内容。因此，记账凭证必须具备下列基本内容，这些内容又被称为记账凭证要素。

1）记账凭证名称。如收款凭证、付款凭证、转账凭证或记账凭证。

2）记账凭证日期。通常以年、月、日表示，如 2007 年 8 月 25 日。

3）记账凭证的编号。按月和凭证的种类统一编排序号，如收字第 8 号，转字第 9 号。

4）经济业务内容摘要。即以概括、简练的语言摘录经济业务的主要内容，如从银行借入款项等。

5）会计科目名称。会计科目的名称包括总分类科目和明细分类科目，如"应收账款—东方公司"。

6）记账标志。记账标志"√"是用来表明审核无误的记账凭证是否已登记账簿的标记，此标注可以防止经济业务被重记或漏记。

7）附单据数目。主要是指附在记账凭证后原始凭证的张数。

8）责任人的签名或盖章，包括制单人、复核人、记账人、会计主管人等。收、付款记账凭证还应由出纳人员签名或盖章。

第二节　记账凭证的填制

填制记账凭证是会计人员的一项主要工作，工作质量的高低直接影响着账簿的登记和后续工作的顺利进行。因此，填制记账凭证要遵循一定的编制要求，掌握规范的编制方法。

一、记账凭证的填制要求

还记得原始凭证的填制要求吗?

填制记账凭证，除了严格遵守原始凭证的填制要求外，还要注意以下几个方面：

1. 以原始凭证为依据

记账凭证的填制依据可以是一张原始凭证，也可以是若干张同类原始凭证，或者是原始凭证汇总表。但不得将不同内容和类别的原始凭证汇总填制在一张记账凭证上。

2. 编号要连续

记账凭证的编号，在一个月内必须是连续的，以便查考。采用通用式记账凭证，可以按照经济业务发生的先后顺序编号；采用专用式记账凭证，可按收、付、转记账凭证分别编号。若一笔经济业务需要填制两张以上记账凭证的，可以采用分数编号法编号。例如，一项经济业务需要填制 2 张收款凭证，凭证顺序号为 6，这 2 张收款凭证的编号分别为收字第 6（1/2）号，收字第 6（2/2）号。每月末最后一张记账凭证的编号旁还要加注“全”字。

3. 内容要完整

记账凭证的内容包括：填制凭证的日期；凭证编号；经济业务摘要；会计科目；金额；所附原始凭证张数；有关人员的签章。

4. 附件要标明

除结账和更正错误的记账凭证可以不附原始凭证外，其他记账凭证必须附有原始凭证，并应在记账凭证的附单据栏内，表明记账凭证所附原始凭证的张数，以便核对摘要及所编会计分录是否正确无误。

5. 发生错误，要重新填制

如果填制的记账凭证发生错误，应当重新填制，不得在记账凭证上进行修改。

6. 逐项填写，不能空行

记账凭证应按行次逐项填写，不能跳行。记账凭证填制完经济业务事项后，如有空行，应当划线注销。

二、记账凭证的填制方法

记账凭证的种类和经济业务内容的不同，填制方法也有所不同。

（一）专用式记账凭证的填制

1. 收款凭证的填制

1）收款凭证左上角的“借方科目”按收款的性质填写“现金”或“银行存款”科目。

2）日期为编制本凭证的时间或经济业务发生的时间，年、月、日要写完整。

3）右上角为编制收款凭证的顺序号，可按“收字 001 号”统一编号，也可按照收入业务内容编号，如“现收字 001 号”或“银收字 003 号”。

4）“摘要”栏的填写要言简意赅。

5）“贷方科目”要填写与“现金”或“银行存款”相对应的会计科目，总分类科目和明细分类科目都要写清。

6）“√”是指表明该凭证是否登记账簿的标记，是记账的符号。如果该收款凭证已经登记入账，就在记账凭证标注的下方标注“√”，表示已经入账。

7）“金额”是指该项经济业务事项的发生额，“合计金额”既表示借方金额的合计数，又表示贷方金额的合计数，合计金额前写上货币单位符号“￥”。

8）“附单据张数”是指本记账凭证所附原始凭证的张数。

9）表格下面是有关人员签章，以明确经济责任。

【例 6-1】2007 年 7 月 20 日，长胜家具公司收到了 7 月 15 日销售给四达公司家具款 300 000 元的转账支票一张，填制了银行存款进账单，将货款存入了银行。转账支票、进账单如图 6-5、图 6-6 所示。

北京银行 转账支票（京） $\frac{GE}{02}$12907762

出票日期（大写）贰零零柒 年 零柒 月壹拾陆日 付款行名称：北京银行昌平支行

收款人： 出票人账号：6029692018951563

本支票付款期十天

人民币（大写）	叁拾万元整	亿	千	百	十	万	千	百	十	元	角	分
				¥	3	0	0	0	0	0	0	0

用途购买家具款

上列款项请从

我账户内支付

出票人签章 复核 记账

"90776 2"':01090978O:001201112003495"00

图 6-5 转账支票

北京银行进账单（收账通知） 1

2007 年 7 月 20 日

出票人	全称	四达公司	收款人	全称	长胜家具公司
	账号	6029692018951563		账号	6029692015693795
	开户银行	北京银行昌平支行		开户银行	北京银行光明支行
金额	人民币（大写）叁拾万元整				亿千百十万千百十元角分 ¥30000000
票据种类	转账支票	票据张数	1张		北京银行光明支行
票据号码	$\frac{G}{0}$ $\frac{E}{2}$94280432				
		复核	记账		收款人开户行盖章

图 6-6 进账单（收账通知）

根据银行存款进账单（收账通知）填制银行存款收款凭证，如图 6-7 所示。

收 款 凭 证

借方科目：银行存款 2007 年 7 月 20 日 银收字第 7 号

摘要	贷方科目 总账科目	明细科目	千	百	十	万	千	百	十	元	角	分	√
收到销售家具款	应收账款	四达公司			3	0	0	0	0	0	0	0	
合计金额				¥	3	0	0	0	0	0	0	0	

附单据1张

会计主管：徐丽荣 记账：张 丽 复核：王大海 制单：张 丽 出纳：王 芳

图 6-7 收款凭证（银行存款）

练一练：

2007 年 7 月 12 日，长胜家具公司出售废旧报纸，收入现金 100 元，请填制收款凭证。

2. 付款凭证的填制

付款凭证的填制方法与收款凭证基本相同，只是左上角反映的为“贷方科目”，凭证栏内反映的为“借方科目”。“贷方科目”按付款的性质填写“现金”或“银行存款”；右上角填写编制付款凭证的顺序号，可按“付字 001 号”统一编号，也可按照付款业务内容编号，如“现付字 001 号”或“银付字 003 号”；“借方科目”填写与“现金”或“银行存款”相对应的会计科目。

【例 6-2】2007 年 8 月 5 日，长胜家具公司采购员赵勇去东北采购木材，赵勇填写借款单预借差旅费 3 500 元，出纳员王芳付给赵勇现金 3 500 元。赵勇的差旅费借款单，如图 6-8 所示。

借 款 单

2007 年 8 月 5 日

借款单位	赵勇	
借款理由	采购木材	
借款金额：人民币（大写）叁仟伍佰元整		¥3 500.00
本单位负责人意见　同意　王鹏		借款人（签章）　赵勇
主管领导批示：	会计主管人员核批：	付款记录：2007 年 8 月 5 日以　号支票或现金支付凭单付给赵勇

图 6-8　借款单

根据赵勇的差旅费借款单填制的现金付款凭证，如图 6-9 所示。

付 款 凭 证

贷方科目：库存现金　　　2007 年 8 月 5 日　　　现付字第 2 号

摘　要	借方科目		金　额									√
	总账科目	明细科目	千	百	十	万	千	百	十	元	角	分	
赵勇预借差旅费	其他应收款	赵勇					3	5	0	0	0	0	
合计金额						¥	3	5	0	0	0	0	

附单据 1 张

会计主管：徐丽荣　记账：张　丽　　复核：王大海　制单：张　丽　　出纳：王　芳

图 6-9　付款凭证（库存现金）

需要注意的是，对于现金和银行存款之间互相划转的经济业务，如从银行提取现金或将现金存入银行，为了避免重复记账，一般只编制付款凭证，不编制收款凭证。

练一练：

2007 年 8 月 6 日，长胜家具公司开出现金支票，从银行提取现金 3 200 元，请填制付款凭证。

3. 转账凭证的填制

转账凭证将经济业务事项中所涉及全部会计科目按照先借后贷的顺序记入“会计科目”栏中的“一级科目”和“二级及明细科目”，并按应借、应贷方向分别记入“借方金额”或“贷方金额”栏；编号前为“转”字，如转字第 5 号；其他项目的填制与收、付款凭证相同。

【例 6-3】2007 年 8 月 10 日，长胜家具公司采购员赵勇采购木材回来，经审核，实际支出差旅费 3 200 元，交回剩余现金。赵勇的差旅报销单如图 6-10 所示。

差旅费报销单

部门 采购部　　　　2007 年 8 月 10 日　　　　附件 7 张

<table>
<tr><td colspan="4">出差人</td><td colspan="5">赵勇</td><td colspan="4">出差事由</td><td colspan="3">采购木材</td></tr>
<tr><td colspan="4">出 发</td><td colspan="4">到 达</td><td rowspan="2">交通工具</td><td colspan="2">交通费</td><td colspan="2">出差补贴</td><td colspan="3">其他费用</td></tr>
<tr><td>月</td><td>日</td><td>时</td><td>地点</td><td>月</td><td>日</td><td>时</td><td>地点</td><td>单据张数</td><td>金额</td><td>天数</td><td>金额</td><td>项 目</td><td>单据张数</td><td>金额</td></tr>
<tr><td>8</td><td>5</td><td>9</td><td>北京</td><td>8</td><td>6</td><td>21</td><td>齐齐哈尔</td><td>火车</td><td>2</td><td>600</td><td>5</td><td>1 250</td><td>住宿费</td><td>1</td><td>1 200</td></tr>
<tr><td></td><td></td><td></td><td></td><td></td><td></td><td></td><td></td><td></td><td></td><td></td><td></td><td></td><td>室内车费</td><td>4</td><td>150</td></tr>
<tr><td></td><td></td><td></td><td></td><td></td><td></td><td></td><td></td><td></td><td></td><td></td><td></td><td></td><td>邮电费</td><td></td><td></td></tr>
<tr><td></td><td></td><td></td><td></td><td></td><td></td><td></td><td></td><td></td><td></td><td></td><td></td><td></td><td>办公用品费</td><td></td><td></td></tr>
<tr><td></td><td></td><td></td><td></td><td></td><td></td><td></td><td></td><td></td><td></td><td></td><td></td><td></td><td>不买卧铺补贴</td><td></td><td></td></tr>
<tr><td></td><td></td><td></td><td></td><td></td><td></td><td></td><td></td><td></td><td></td><td></td><td></td><td></td><td>其他</td><td></td><td></td></tr>
<tr><td colspan="9">合　计</td><td colspan="2">¥600</td><td colspan="2">¥1 250</td><td colspan="3">¥1 350</td></tr>
<tr><td colspan="2" rowspan="2">报销金额</td><td colspan="7" rowspan="2">人民币 ¥3 200.00
(大写) 叁仟贰佰元整</td><td colspan="2" rowspan="2">预借旅费</td><td colspan="2" rowspan="2">¥3 500.00</td><td>补领金额</td><td colspan="2"></td></tr>
<tr><td>归还金额</td><td colspan="2">¥300. 00</td></tr>
</table>

主管 徐丽荣　　审核　　出纳 张小芬　　领款人 赵 勇

图 6-10　差旅费报销单

根据赵勇的差旅费报销单填制的转账凭证如图 6-11 所示。

转 账 凭 证

2007 年 8 月 10 日　　　　转字第 4 号

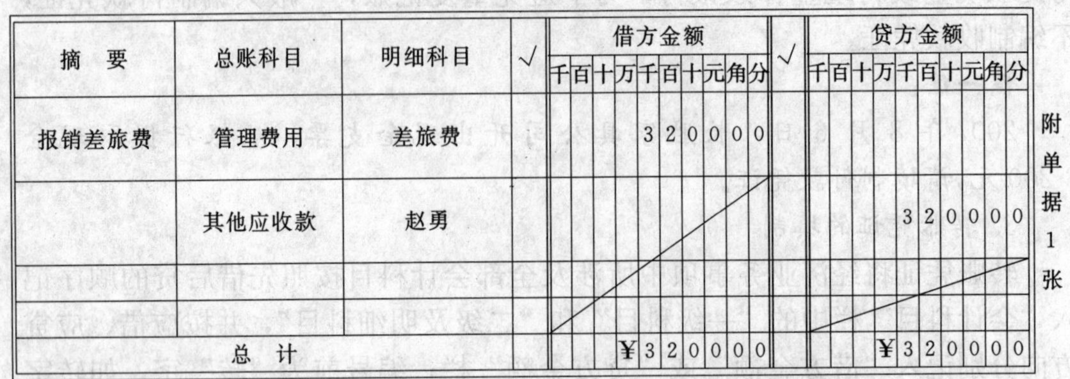

摘　要	总账科目	明细科目	√	借方金额（千百十万千百十元角分）	√	贷方金额（千百十万千百十元角分）	
报销差旅费	管理费用	差旅费		3 2 0 0 0 0			附单据1张
	其他应收款	赵勇				3 2 0 0 0 0	
总　计				¥3 2 0 0 0 0		¥3 2 0 0 0 0	

会计主管：徐丽荣　记账：张　丽　复核：王大海　制单：张　丽　出纳：王　芳

图 6-11　转账凭证

练一练：

2007 年 8 月 11 日，长胜家具公司生产车间生产家具领用木材 10 000m^3，150 元/m^3。请填制转账凭证。

（二）通用式记账凭证的填制

通用式记账凭证是按照经济业务发生的先后顺序进行记账凭证的填制，具体的填制方法和转账凭证的填制方法类似，即将经济业务中所涉及的全部会计科目按照先借后贷的顺序记入“会计科目”栏中的“一级科目”和“二级及明细科目”，并按应借、应贷方向分别记入“借方金额”或“贷方金额”栏；编号前为“记”字，如“记字第 9 号”。

根据【例 6-1】的业务资料填制的记账凭证如图 6-12 所示。

记 账 凭 证

2007 年 7 月 20 日　　　　记字第 13 号

摘　要	总账科目	明细科目	借方金额（千百十万千百十元角分）	贷方金额（千百十万千百十元角分）	√
收到销售家具款	银行存款	工商银行	3 0 0 0 0 0 0 0		
	应收账款	四达公司		3 0 0 0 0 0 0 0	
总　计			¥3 0 0 0 0 0 0 0	¥3 0 0 0 0 0 0 0	

会计主管：徐丽荣　记账：张　丽　复核：王大海　制单：张　丽　出纳：王　芳

图 6-12　记账凭证

三、填制记账凭证应注意的问题

为了保证记账凭证的准确性和完整性，在填制记账凭证时，应该注意下列问题：

1）认真分析经济业务，确定账户名称，分清记账方向，避免出现错误的借贷科目或者将借贷科目张冠李戴。

2）总计金额是借方金额、贷方金额的分别总计数，不是借贷方金额之和。借方总计金额之和应该等于贷方总计金额之和。

3）货币单位符号“￥”要写在合计金额前面，如借方总计金额为￥32 000。

4）记账凭证的编号要准确，收、付、转3种凭证分别编号。例如，本月的第一笔业务是现金收款业务，收款凭证的编号是现收字第001号，第二笔业务是银行存款付款业务，付款凭证的编号是银付字第001号……。无论采用哪种编号方法，都应该每月按顺序编号。

5）记账凭证填制完后，如有空行，一定划斜线或一条“S”形线注销。斜线应从金额栏最后一笔金额数字下的空行划到合计数行上面的空行，要注意斜线两端都不能划到金额数字的行次上。

6）记账标记“√”不要随便标注，只有进行了账簿登记，才能标注。

7）一张原始凭证如涉及几张记账凭证的，可以将该原始凭证附在一张主要的记账凭证后面，在其他记账凭证上注明该主要记账凭证的编号或附上该原始凭证的复印件。

8）记账凭证下方的相关人员签字应该按岗位职能严格填写。

第三节 记账凭证的审核

为了保证账簿记录信息的准确和真实，已填制的记账凭证，还需要有关人员的严格审核，审核之后才可以作为登记账簿的依据。

一、记账凭证审核的意义

记账凭证是登记账簿的直接依据，其正确性对会计信息的质量有着重大的影响，其规范性是会计基础工作规范的重要内容。为了使记账凭证符合会计信息质量和会计基础工作规范等有关要求，正确反映经济业务的内容，提供全面的会计信息，记账凭证必须按要求严格填写，并且记账前必须由专业人员对记账凭证进行严格审核。

二、记账凭证审核的内容

1. 记账凭证与原始凭证的相符性审核

审核的要点是：①记账凭证是否附有审核无误的原始凭证。②记账凭证的内容是否与原始凭证的内容相符。③记账凭证所填金额是否与原始凭证的合计金额相等。④所附原始凭证的张数是否与记账凭证的填写数目一致等。

2. 会计分录的正确性审核

审核的要点是：会计分录中会计科目及其金额是否准确无误，包括应借、应贷的账户名称是否正确，对应关系是否清楚，所记金额有无错误，借方金额与贷方金额是否相等，一级账户金额与所属明细账户金额是否相符。

3. 要素的完整性审核

审核的要点是：记账凭证的内容是否完整无缺，有关项目是否填列齐全，有无错误，相关人员有无签名或盖章，记账凭证的摘要、核算内容、会计科目是否符合会计制度和会计方法的要求。

记账凭证经过审核，如发现错误，应重新填制。已入账的记账凭证发现有误，应按照正确的更正方法予以更正。只有经过审核无误的记账凭证，才能作为登记账簿的依据。

三、记账凭证审核举例

【例 6-4】2007 年 8 月 16 日，长胜家具公司收到了东方公司投资的型号为 WH2 的设备一台，该设备双方协议价格为 20 000 元，图 6-13 是对该经济业务所做的转账凭证，请指出其中存在的错误。

转　账　凭　证

2007 年 8 月 16 日　　　　字第 7 号

摘　要	总账科目	明细科目	√	借方金额										√	贷方金额									
				千	百	十	万	千	百	十	元	角	分		千	百	十	万	千	百	十	元	角	分
收到设备投资	实收资本	东方公司																2	0	0	0	0	0	0
	固定资产	WH2					2	0	0	0	0	0	0											
总　计							2	0	0	0	0	0	0					2	0	0	0	0	0	0

附单据　张

会计主管：徐丽荣　记账：张　丽　复核：王大海　制单：张　丽　出纳：王　芳

图 6-13　存在错误的转账凭证

通过分析，发现该转账凭证中存在如下问题：

1）没有填写原始凭证数目。

2）会计科目的登记顺序错误。应该按照先借后贷的顺序分别记入“会计科目”栏中的“一级科目”和“二级及明细科目”。

3）总计金额前没有写上货币符号“¥”。

4）编号前没有填写“转”字。

5）空格没有被注销。

6）编制日期有误。

针对上述审核问题，由相关人员重新填制，重新填制后的转账凭证如图 6-14 所示。

转 账 凭 证

2007 年 8 月 16 日　　　　转字第 7 号

摘要	总账科目	明细科目	√	借方金额										√	贷方金额									
				千	百	十	万	千	百	十	元	角	分		千	百	十	万	千	百	十	元	角	分
收到设备投资	实收资本	东方公司					2	0	0	0	0	0	0											
	固定资产	WH2																2	0	0	0	0	0	0
总计						¥	2	0	0	0	0	0	0				¥	2	0	0	0	0	0	0

附单据 1 张

会计主管：徐丽荣　记账：张　丽　复核：王大海　制单：张　丽　出纳：王　芳

图 6-14　重新填制后的转账凭证

相关链接

怎样装订会计凭证

根据财政部《会计基础工作规范》第五十五条规定的精神，记账凭证登记完毕后，应当按照分类和编号顺序保管，不得散乱丢失。为此，必须对会计凭证进行装订，其要求是：

记账凭证应当连同所附的原始凭证或者原始凭证汇总表，按照编号顺序折叠整齐，按期装订成册，并加具封面，注明应填列的内容，由装订人在装订线封签处签名或者盖章。

装订时，首先将全部凭证以左上角为准对齐，在左上角正面放一块长宽各约 9 公分（1 公分＝0.003m）的正方形牛皮纸，将牛皮纸对折为 4 块，剪掉左上角的那块，将右下角与凭证的左上角对齐；其次在凭证封面左上角上钻两个孔，穿入装订绳，绕两圈，在封底打上结；再其次将牛皮纸右上角和左下角两小块反折到凭证封底，粘在打好的结上，将结压在里面（上述装订面积一般不超过 3.5 公分）；最后由装订人盖上骑缝章，并在脊背上填写时间及编号。

本章小结

记账凭证是根据审核无误的原始凭证填制的、用来登记会计账簿的会计凭证。记账凭证体现了会计科目、记账方向和金额，能够确保登记账簿的准确性。记账凭证根据不同的标准可以分为不同的种类，其中使用较多的是收款凭证、付款凭证和转账凭证这 3 种。记账凭证的填制有严格的要求，填制完成以后的记账凭证经过审核无误后，方可用来登记账簿。

案例分析

王刚来到公司财务部实习，下面是他填制的几张记账凭证。

付 款 凭 证

贷方科目：库存现金　　2007 年 9 月 15 日　　现付字第 3 号

摘　要	借方科目		金额										√
	总账科目	明细科目	千	百	十	万	千	百	十	元	角	分	
吴海燕预借差旅费	应收账款	吴海燕					1	5	0	0	0	0	
合计金额						¥	1	5	0	0	0	0	

附单据 1 张

会计主管：徐丽荣　记账：张　丽　复核：王大海　制单：王　刚　出纳：王　芳

收 款 凭 证

借方科目：银行存款　　2007 年 9 月 15 日　　银行字第 9 号

摘　要	贷方科目		金额										√
	总账科目	明细科目	千	百	十	万	千	百	十	元	角	分	
存　现	库存现金					2	0	0	0	0	0	0	
合计金额					¥	2	0	0	0	0	0	0	

附单据 3 张

会计主管：徐丽荣　记账：张　丽　复核：王大海　制单：王　刚　出纳：王　芳

转　账　凭　证

2007 年 9 月 19 日　　　　　　　　　　转字第 6 号

摘　要	总账科目	明细科目	√	借方金额										√	贷方金额									
				千	百	十	万	千	百	十	元	角	分		千	百	十	万	千	百	十	元	角	分
报销差旅费	管理费用	差旅费						2	0	0	0	0	0											
	其他应收款	和平																	2	0	0	0	0	0
总　计							¥	2	0	0	0	0	0					¥	2	0	0	0	0	0

附单据 1 张

会计主管：徐丽荣　记账：张　丽　　复核：王大海　　制单：王　刚　　出纳：王　芳

思考：根据记账凭证的填制要求，分析上述凭证存在的问题，并归纳出业务内容，重新填制正确的记账凭证。

课外活动建议　请一位公司的财务人员谈谈实际工作中记账凭证的填制和审核过程。

知识拓展

徐淑芬．会计基础技能训练［M］．2 版．北京：中国纺织出版社，2008.

第七章 会计账簿

◎ 知识目标

1. 理解会计账簿的含义及账簿与账户之间的关系。

2. 了解账簿的种类，掌握账簿的设置和登记方法。

3. 熟悉登记账簿的规则和错账的更正。

◎ 能力目标

1. 掌握总分类账、明细分类账的登账技能。

2. 掌握对账、查错账、更正错账和结账的技能。

3. 掌握科目汇总表的编制技能。

◎ 情感目标

做好每一件事，记好每一笔账，需要一千分的耐心、一万分的细心。会计账簿是企业经济业务的缩影，真实再现企业的经济业务，登账是一个必不可少的重要环节。认真是一种态度，细心是一种优点，耐心则需要修炼，优秀的性格在登账的点点滴滴中慢慢形成。

1. 资料准备：登记完好的现金日记账、银行存款日记账、总分类账和明细分类账若干套。

2. 分组安排：7～8 人为一小组，每组配备一套会计账簿供学生学习讨论。

3. 课时安排：12 学时。

知识模块结构

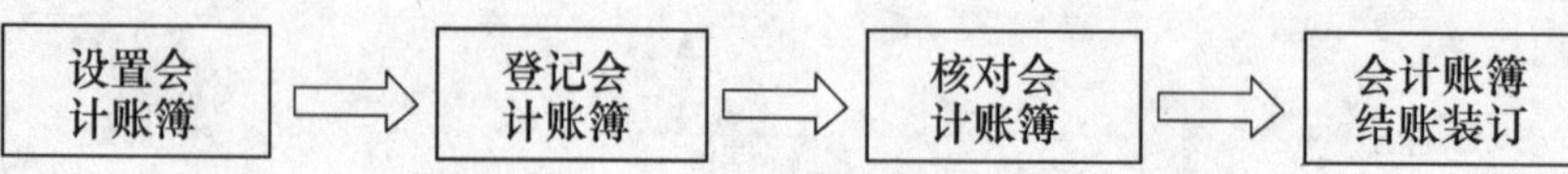

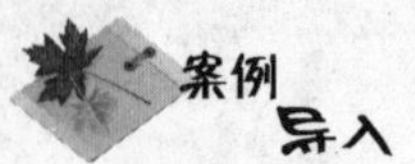

上课前，老师发给每个小组一套账簿。张鹏翻看着现金日记账说：“看来

账簿是由一张一张账页组合在一起构成的。”李明翻看着总分类账说：“账簿是由一个个账户组合到一起构成的。”王恒说：“会计账簿在使用之前必须装订。”李成同学却说：“会计账簿在使用之前不需要装订。”

想一想：什么是会计账簿？如何设置和登记会计账簿？

第一节 会计账簿的意义与种类

一、会计账簿的含义

会计账簿是以会计凭证为依据，运用会计账户，全面、连续、系统地记录和反映企业经济业务的簿籍。登记账簿是会计核算的专门方法之一，也是会计核算工作的中心环节。

通过填制和审核会计凭证，企业发生的全部经济业务都已得到记录。但是，会计凭证数量很多，反映的经济业务零星而且分散，不能把企业在某一时期的经济活动情况完整地反映出来。因此，必须通过设置和登记会计账簿这一专门的会计核算方法，把会计凭证所提供的大量而分散的资料，进行归类整理、登记，以提供系统的会计信息。

小知识

“账”和“帐”的由来

“账”字本身与会计核算无关。据现有史料考察，“账”字引申到会计方面起源于南北朝时期。南北朝时，皇帝和高官显贵都习惯到外地巡游作乐。每次出游前，沿路派人张挂帏帐，帐内备有各种生活必需品及装饰用品，非常奢侈豪华，这种帏帐称之为“供帐”。由于帐内物品价值昂贵，为了维护这些财产的安全，由专门官吏掌管并进行核算。由于古人常把账目记于布帛上悬挂起来以利于保管，所以，登记物品的账目称为“簿帐”或“帐”。后来，为了与帏帐分开，另造形声字“账”，表示与钱财有关，记录货币和货物出入的记载等，如“账本”、“报账”、“借账”等 。而“帐”字只表示用布、纱、绸子等制成的遮蔽物，如“蚊帐”、“帐篷”、“青纱帐”等。

二、会计账簿的意义

会计账簿是加工处理会计信息的中心数据库。记账过程实际上就是会计人员将会计凭证所记录的分散信息在会计账簿这个中心数据库中进一步归类、整理的过程。登记账簿对加强企业经济管理、发挥会计的作用具有重要的意义。

1）账簿对经济业务既进行分类核算，又进行序时核算；既可提供各项总括的核算资料，又可提供某些明细的核算资料。因此，账簿可以全面、连续、系统地记录和反映企业资产、负债和所有者权益的增减变化情况和结果。

2）利用账簿资料，可以随时了解和掌握本单位的财务状况和经营情况，有利于加强财产物资的管理与核算，有利于合理地筹集和使用资金，有利于及时、有效地控制成本费用，以提高企业的经济效益。

3）账簿记录是编制会计报表的主要依据。会计报表中各个项目的数据正确与否，直接取决于账簿记录的正确性。会计报表编制和报送的及时与否，也与账簿的设置和登记密切相关。

三、会计账簿的种类

会计账簿的种类是多种多样的，为了更好地了解和使用账簿，应对账簿进行必要的分类。

（一）按用途不同分类

会计账簿按其用途的不同，可以分为日记账、分类账和备查账。

1. 日记账

日记账也称为序时账，是按照经济业务发生或完成时间的先后顺序，逐日逐笔顺序登记的账簿。日记账主要有现金日记账和银行存款日记账两种。

2. 分类账

分类账是按照总分类账户和明细分类账户设置的、对全部经济业务进行分类登记的账簿。

总分类账是按照总分类账户设置的账簿，总括地反映各个会计要素增减变动情况及其结果，简称总账。明细分类账是按照明细分类账户设置的账簿，详细地反映各个会计要素增减变动情况及其结果，简称明细账。通常把总分类账称为所属明细分类账的“控制账”，把明细分类账称为总分类账的“辅助账”。

3. 备查账

备查账也称为辅助账，是对某些未能在日记账和分类账中进行登记的经济事项进行补充登记、以便查考的辅助账簿。例如，“租入固定资产登记簿”、“受托加工材料登记簿”等。备查账簿可以为其他账簿中某些经济业务的记录提供必要的备查详细资料。

（二）按外表形式不同分类

会计账簿按外表形式的不同，可以分为订本式账簿、活页式账簿和卡片式账簿。

1. 订本式账簿

订本式账簿简称订本账，是在未启用前就将账页固定地装订成册并编定页码的账簿。订本式账簿可以避免账页的散失，防止随便抽换账页，但不便于分工记账，也不便于按要求增减账页，容易出现账页的余缺，从而造成浪费或影响连续记账。所以，采用订本式账簿必须预先估计各账户账页的需用总数。

我国会计制度规定：现金日记账、银行存款日记账和总分类账必须采用订本式账簿。

2. 活页式账簿

活页式账簿简称活页账，是把分散的账页装存在活页账夹内，并可以随时取放（增减）账页的账簿。活页式账簿有利于分工记账，并可随时根据需要增减账页和对账户进行重新排列，但账页容易散失和被抽换。各种明细账多采用活页式账簿。

3. 卡片式账簿

卡片式账簿简称卡片账，是由许多具有一定格式的卡片组成的、存放在卡片箱中可随时取用的账簿。卡片账除了具有一般活页账的特点外，还可以跨年度使用，不需要每年更换新账，多用于记录内容比较复杂的财产物资明细账，如“固定资产卡片”、“低值易耗品卡片”等。

第二节 日记账的设置与登记

在实际工作中，现金和银行存款的收付款业务比较频繁，且在收付款过程中容易产生差错和舞弊行为。所以，为了加强对现金和银行存款的管理，各单位都应设置现金日记账和银行存款日记账，以反映现金和银行存款的收入、支出和结存情况。

一、现金日记账的设置与登记

（一）现金日记账的设置

现金日记账是用来登记库存现金的收入、付出和结存情况的账簿。现金日记账通常使用订本式账簿，采用设有“借方”、“贷方”和“余额”三栏式结构的账页。其一般格式如图 7-1 所示。

库存现金日记账

2007年		凭证号数	摘要	对方科目	借方	贷方	借或贷	余额
月	日							
12	1		期初余额				借	16 400
12	1	银付 1	提取现金备用		1 000		借	17 400
12	1	现付 1	王明峰出差借款			5 000	借	12 400
12	7	现付 2	王明峰出差报销			30	借	12 370
12	13	现收 1	收回货款		3 800		借	16 170
12	13	现付 3	送存银行			3 800	借	12 370
12	25	现付 4	借差旅费			28 00	借	9 570
12	31		月　结		4 800	11 630	借	9 570
			季　结		413 800	435 400	借	9 570
			年　结		745 200	743 560	借	9 570
			结转下年			9 570	平	—0—

图 7-1　库存现金日记账

（二）现金日记账的登记方法

现金日记账由出纳人员根据现金收入凭证和现金付出凭证，按照经济业务发生的先后顺序，逐日逐笔进行登记。

1）“年、月、日”栏可根据记账凭证的年、月、日登记。

2）“凭证号数”栏根据记账凭证的类别和编号登记，记载每笔账所依据的收、付款凭证的种类和号数，以便账证核对。

3）“摘要”栏根据记账凭证的摘要登记。

4）“对方科目”栏根据记账凭证所列的对方账户登记，可以说明每笔收入的来源和每笔支出的去向。

5）“借方”栏根据现金收款凭证或银行存款付款凭证中的合计金额登记。

6）“贷方”栏根据现金付款凭证中的合计金额登记。

每日终了，必须结出当日结存金额。现金收支业务量较大的单位，还可结出当日的现金借方合计数、贷方合计数，并在“摘要”栏内注明“本日合计”字样，为了便于识别，可在该行的下线处划一条通栏单红线。结出的现金借、贷合计数和结余数应在紧接最后一行业务记录的次行登记，不得隔页跳行。每日结出的账面结余数应与库存现金实际数进行核对，以做到账实相符。对于超过现金管理制度规定的库存限额的现金，应及时填写现金缴款单送存银行。

练一练：

自己出几笔有关现金结算的业务，根据上述的登记方法和图 7-1 的示例，登记现金日记账。

二、银行存款日记账的设置和登记

（一）银行存款日记账的设置

银行存款日记账是用来逐日反映银行存款的增加、减少和结存情况的账簿。银行存款日记账应按开户银行或者其他金融机构、存款种类分别设置，一般采用订本式账簿，使用设有“借方”、“贷方”、“余额”三栏式基本结构的账页。其一般格式如图 7-2 所示。

银行存款日记账

2007 年		凭证号数	摘 要	对方科目	借 方	贷 方	借或贷	余 额
月	日							
12	1		期初余额				借	925 000
12	1	银付 1	提取现金备用			1 000	借	924 000
12	11	银收 1	收到光明厂还款		8 000		借	932 000
12	15	银付 2	偿还吉安工厂货款			82 000	借	850 000
12	18	银付 3	支付运费			1 600	借	848 400
12	20	银付 4	付吉安厂材料款			298 350	借	550 050
12	23	银收 2	收光明厂货款		40 000		借	590 050
			月 结		48 000	382 950	借	590 050
			季 结		1 884 200	2 636 404	借	590 050
			年 结		7 536 886	9 545 616	借	590 050
			结转下年			590 050	平	—0—

图 7-2 银行存款日记账

（二）银行存款日记账的登记方法

银行存款日记账由出纳人员根据银行存款的收款凭证和付款凭证及其所附的原始凭证，按照经济业务发生的先后顺序，逐日逐笔进行登记。

银行存款日记账的登记方法与现金日记账的登记方法基本相同，这里不再介绍。银行存款日记账设有“现金支票号数和转账支票号数”栏，这是因为银行存款的收付，都是根据银行所规定的结算方式和结算凭证办理的，为了便于和银行对账，银行存款日记账单独设置该栏。“现金支票号数和转账支票号数”栏应根据银行存款收款和付款凭证后所附的银行结算凭证填写。每日终了，银行存款日记账应结出存款余额。

银行存款日记账的记录应定期与开户银行转来的对账单进行核对，至少每月核对一次，以检验企业银行存款日记账的记录是否正确。

练一练：

自己出几笔有关银行存款结算的业务，根据上述的登记方法和图 7-2 的示例，登记银行存款日记账。

第三节　分类账的设置与登记

分类账是分类登记经济业务的账簿，设立分类账的目的就是要从各个账户中取得总括或详细的核算资料。各个账户一般在分类账里都占有独立的账页。账页的多少应视账户所涉及经济业务的多少而定。经济业务少的账户，往往一个账户只需要一张账页；经济业务多的账户，则需要若干张连续的账页。

一、总分类账的设置和登记

（一）总分类账的设置

总分类账是分类反映经济业务总括情况的账簿。由于总分类账只进行金额的增减变动记录，因此，其格式一般比较简单，多采用具有“借方”、“贷方”、“余额”三栏式账户结构的账页，称为“三栏式总账”。“三栏式总账”账页的格式如图 7-3 所示。

总　分　类　账

科目：原材料　　编号（1403）

2007 年		凭证号数	摘　要	对方科目	借　方	贷　方	借或贷	余　额
月	日							
12	1		期初余额				借	855 975
12	10	科汇 1	1～10 日汇总		303 000	349 500	借	809 475
12	20	科汇 2	11～20 日汇总		285 000	157 500	借	936 975
12	30	科汇 3	21～30 日汇总		54 000	315 000	借	675 975
12	31	科汇 4	31 日汇总		18 000		借	693 975
			本月合计		660 000	822 000	借	693 975

图 7-3　原材料总分类账

（二）总分类账的登记

总分类账的登记方法比较灵活，各企事业单位所采用的会计核算程序不同，其总分类账登记的方法也有所区别。会计人员可以直接根据各种记账凭证逐日逐笔进行登记（基本与现金日记账的登记方法相同）；也可以按不同的汇总方法，先定期将有关的记账凭证进行归类汇总，编制成“记账凭证汇总表（科目汇总表）”或“汇总记账凭证”，然后再根据“记账凭证汇总表”或“汇总记账凭证”在相应的总分类账簿中进行登记。图 7-3 显示的“原材料”总分类账是根据记账凭证汇总表（科目汇总表）进行登记的结果，记账凭证汇总表的格式如图 7-4 所示。

科 目 汇 总 表

2007 年 12 月 11 日至 12 月 20 日

汇字第 2 号　　附件　共 17 张		
凭证号数	现金	第 1 号至第 4 号共 4 张
	银行	第 6 号至第 13 号共 7 张
	转账	第　号至第　号共　张

会计科目	总页	借方金额	贷方金额	会计科目	总页	借方金额	贷方金额
现金		3 800	3 800				
银行存款		8 000	381 950				
应收账款		245 700	45 700				
生产成本		82 500					
原材料		285 000	157 500				
短期借款		98 330					
应付账款		133 450					
应交税费		148 450	52 700				
应付职工薪酬		130 800					
制造费用		145 000					
管理费用		134 180					
主营业务收入		310 000					
合计		1 183 430	1 183 430				

图 7-4　科目汇总表

相关链接

会计核算程序

会计核算程序是指账簿组织、记账程序有机结合的方法和步骤。账簿组织是指账簿的种类、格式和各种账簿之间的相互关系；记账程序是指运用一定的记账方法，从填制和审核会计凭证、登记账簿直到编制会计报表的工作程序。会计核算程序也叫账务处理程序或会计核算形式。常用的会计核算程序有：记账凭证核算程序和记账凭证汇总表核算程序。

记账凭证汇总表又称科目汇总表，是指按照相同的账户归类，分别在借、贷方定期（如 5 天、10 天或 15 天）汇总编制的特种记账凭证。

记账凭证汇总表的编制方法：①根据总账科目画出“丁字账”。②将当期记账凭证的发生数分别在借贷方向逐笔填到“丁字账”中。③分借贷方向分别汇总“丁字账”。④将“丁字账”的汇总数填到“科目汇总表”中即可完成。

二、明细分类账的设置和登记

明细分类账是分类登记某类经济业务详细情况的账簿。明细分类账对于加强财产物资的管理、往来款项的结算、收入及费用开支的监督等，有着重要的作用。因此，任何单位都要根据具体情况设置必要的明细分类账。

有些业务只需反映金额的变化情况及其结果，有些业务除了要反映金额的变化情况及其结果以外，还需要反映实物数量的变化情况及其结果。与此相适应，明细分类账根据其所记录内容的性质和管理的要求不同，其账页格式也有所不同，主要有三栏式账页、数量金额式账页、多栏式账页和横线登记式账页四种。

1. 三栏式明细分类账

三栏式明细分类账的格式与总分类账的格式相同，也是通过“借方”、“贷方”和“余额”三栏分别登记经济业务金额的增加、减少和结余。三栏式明细账适用于只需进行金额明细核算的账户，如“应收账款”、“应付账款”、“短期借款”和“长期借款”等明细账，三栏式明细账应根据记账凭证以及所附原始凭证或者原始凭证汇总表逐日逐笔登记。

2. 数量金额式明细分类账

数量金额式明细分类账的基本结构为“借方”、“贷方”和“余额”三栏，每栏下再分设“数量”、“单价”和“金额”三小栏。为了满足管理上的需要，还可在格式的上端设置一些必要的项目，其格式如图 7-5 所示。数量金额式明细分类账适用于需要从数量和金额两个方面进行明细核算的账户，如“原材料”、“库存商品”等财产物资的明细核算。

原材料明细分类账

最高存量：________ 编号：________ 最低存量：________ 存储地点：________
规　格：________ 类别：________ 计量单位：________ 品　名：A 材料

2007 年		凭证号数	摘要	收入			发出			结存		
月	日			数量	单价	金额	数量	单价	金额	数量	单价	金额
12	1		期初余额							100	20	2 000
12	5		购入	230	18	4 140				330		
12	15		发出				180			150		
12	20		购入	300	21	6 300				450		
12	31		本月合计	530		10 440	180	19.75	3 552.50	450	19.75	8 887.50

图 7-5 原材料明细分类账

数量金额式明细分类账的登记情况和方法比较复杂，“收入”栏一般根据记账凭证及其所附原始凭证逐日逐笔登记，“发出”栏中的“数量”栏，一般根据“领料单”或者“发货单”、“出库单”等原始凭证逐日逐笔登记，“结存”栏应每天结出结存数量，“发出”栏中的“单价”、“金额”两栏和“结存”栏中的“金额”、“单价”两栏，一般在月末进行计算和登记。

3. 多栏式明细分类账

多栏式明细分类账应根据各类经济业务的内容及其发生情况和管理的需要来设置，以便为经济管理提供详细资料。一般而言，在总分类科目下分设有若干相对固定的明细科目或项目的经济业务，可采用多栏式明细分类账。多栏式明细分类账有两种具体的格式：①基本结构为“借方”、“贷方”和“余额”三栏，在“借方”和“贷方”栏内再分别按照明细科目或项目分设专栏。这种多栏式明细分类账主要适用于借方的经济业务和贷方的经济业务发生都较多的会计科目，如“本年利润”和“应交增值税”等明细分类账。②基本结构只设“借方”不设“贷方”，在“借方”栏下按照明细科目或项目分设专栏。当偶尔发生应记“贷方”的经济业务时，就用红字在“借方”进行登记。这种多栏式明细分类账主要适用于应记“借方”的经济业务较多、而应记“贷方”的经济业务较少或者基本不发生的会计科目，如“生产成本”、“制造费用”、“管理费用”和“销售费用”等。由于这种多栏式明细分类账只设“借方”栏，因而在明细分类账中可省略“借方”字样，其一般格式和登记方法如图 7-6 所示。

生产成本明细分类账

产品名称：甲产品

2007年		凭证号数	摘　要	借方发生额	成本项目		
月	日				直接材料	直接工资	制造费用
12	1		期初余额	355 460	282 500	41 600	31 360
12	3	转 2	领用材料	169 500	169 500		
12	7	转 3	领用材料	45 000	45 000		
12	17	转 9	领用材料	82 500	82 500		
12	21	转 13	领用材料	84 000	84 000		
12	22	转 14	领用材料	73 500	73 500		
12	31	转 19	分配工资费用	60 000		60 000	
12	31	转 20	提取工福利费	8 400		8 400	
12	31	转 22	分配制造费用	41 640			41 640
12		转 23	结转完工产品成本	920 000	737 000	110 000	73 000
12			月结	—0—	—0—	—0—	—0—

图 7-6　甲产品生产成本明细分类账

4. 横线登记式明细分类账

横线登记式明细分类账是在账户“借方”和“贷方”的同一行内，记录某一项经济业务从发生到结束的所有事项。当该项业务记录结清时，应在“结清”栏标注结清符号“√”，如“材料采购业务的付款和收料”和“备用金业务的借支和报销收回的情况”等。横线登记式明细分类账一般适用于需要逐笔对照清算的经济业务。

现以备用金借支和报销收回业务为例，说明横线登记式明细分类账的登记方法，如图 7-7 所示。

其他应收款—备用金明细分类账

2007年		凭证号数	户名	摘　要	借方金额（借支）	贷方（报销和收回）					备注
						2007年		凭证号数	报销金额	收回金额	
月	日					月	日				
11	25	现付 28	王明峰	王明峰出差借款	1 500	12	7	现付 2	1 500		√
12	1	现付 1	王明峰	王明峰出差借款	5 000						
12	25	现付 6	张春婷	出差借款	2 800	12	29	转 17 现收 3	2 700	100	√

图 7-7　其他应收款—备用金明细分类账

第四节 会计账簿使用规则

会计账簿是重要的会计核算资料。为了保证会计核算的质量，完成会计工作任务，企事业单位在使用和登记账簿时必须遵循有关原则，认真地做好账簿的记录。

一、使用和登记账簿的基本规则

1. 账簿启用规则

为了保证账簿记录的合法性和真实性，明确经济责任，启用会计账簿时，应当在账簿封面上写明单位名称和账簿名称。填写账簿扉页上的“启用表”，注明启用日期、账簿起止页数（活页式账簿，可于账簿装订时填写起止页数）、记账人员和会计机构负责人、会计主管人员姓名等，并加盖名章和单位公章。当记账人员或者会计机构负责人、会计主管人员调动工作时，应在“启用表”上注明交接日期、接办人员或监交人员姓名，并有交接双方人员签字或盖章，以明确双方经济责任。账簿启用登记表如图 7-8 所示。

2. 账簿登记规则

账簿记录是否客观、准确，内容是否清楚、完整，直接影响到会计核算的顺利进行和会计资料的质量，也会影响到会计职能作用的正常发挥。因此，会计人员在登记账簿时必须遵循下面的规则：

1）登记账簿时，应将会计凭证日期、编号、经济业务内容摘要、金额和其他有关资料逐项记入账内，做到数字准确、摘要清楚、登记及时、字迹工整。为了防止漏记和重记，便于查阅，应在记账凭证上签名或盖章，并注明所记账簿页数或者标记已经记账的符号“√”。

2）登记账簿时，书写的文字要清晰，数字要规范，文字和数字上面要留适当空距，不要写满格，一般应占格距的 1/2。记账时，要用蓝黑墨水、碳素墨水书写，不得使用圆珠笔或铅笔。红色墨水必须按制度规定使用，如按红字冲账的记账凭证冲销错账；在不设借、贷等栏的多栏式账页中，登记减少数；三栏式账户的余额栏前未标明记账方向的，在余额栏登记负数余额；制度规定可以用红字登记的其他会计记录。除此之外，不得用红色墨水记账。

3）各种账簿必须按编写的账页顺序连续登记，不得跳行、隔页。如果发生跳行、隔页，应当将空行、空页划线注销，并注明“此行（此页）空白”字样，并由记账人员签名或者盖章。

账簿启用登记表

<table>
<tr><td>使用者名称</td><td colspan="2"></td><td colspan="3">印章</td></tr>
<tr><td>账簿名称</td><td colspan="2"></td><td colspan="3" rowspan="4"></td></tr>
<tr><td>账簿编号</td><td colspan="2"></td></tr>
<tr><td>账簿页数</td><td colspan="2">本账簿共计 页</td></tr>
<tr><td>启用日期</td><td colspan="2">年 月 日</td></tr>
<tr><td rowspan="2">责任者</td><td></td><td>主管</td><td>会计</td><td>记账</td><td>审核</td></tr>
<tr><td></td><td></td><td></td><td></td><td></td></tr>
<tr><td rowspan="8">经管人姓名及接交日期</td><td rowspan="2"></td><td colspan="2">经管 年 月 日</td><td rowspan="2"></td><td rowspan="2"></td></tr>
<tr><td colspan="2">交出 年 月 日</td></tr>
<tr><td rowspan="2"></td><td colspan="2">接管 年 月 日</td><td rowspan="2"></td><td rowspan="2"></td></tr>
<tr><td colspan="2">交出 年 月 日</td></tr>
<tr><td rowspan="2"></td><td colspan="2">接管 年 月 日</td><td rowspan="2"></td><td rowspan="2"></td></tr>
<tr><td colspan="2">交出 年 月 日</td></tr>
<tr><td rowspan="2"></td><td colspan="2">接管 年 月 日</td><td rowspan="2"></td><td rowspan="2"></td></tr>
<tr><td colspan="2">交出 年 月 日</td></tr>
<tr><td>印花税票</td><td colspan="5"></td></tr>
</table>

图 7-8 账簿启用登记表

4）每一张账页登记完毕结转下页时，应在最后一行结出本页的合计数及余额，并在摘要栏注明“过次页”字样；同时，将本页的合计数和余额记入下一页第一行的有关栏内，并在摘要栏注明“承前页”字样，然后再根据会计凭证继续记账。

对需要结计本月发生额的账户，结计“过次页”的本页合计数应当为自本月初至本页末止的发生额合计数；对需要结计本年累计发生额的账户，结计“过次页”的本页合计数应当为自年初起至本页末止的累计数；对既不需要结计本月发生额也不需要结计本年累计发生额的账户，可以只将每页末的余额结转次页。

5）凡需要结出余额的账户，结出余额后，应当在“借或贷”栏内写明“借”或“贷”的字样，以表示余额的方向。没有余额的账户，应当在“借或贷”栏内写“平”字，并在余额栏内以“0”表示。现金日记账和银行存款日记账必须逐日结出余额。

6）实行会计电算化的单位，总账和明细账应当定期打印。用计算机打印的会计账簿必须连续编号，经审核无误后装订成册，并由记账人员和会计机构负责人、会计主管人员签字或者盖章。发生收款和付款业务的，在输入收款凭证和付款凭证的当天，必须打印出现金日记账和银行存款日记账，并与库存现金核对无误。

7）账簿记录发生错误，不得涂改、挖补、刮擦或者用药水消除字迹，不准重新抄写，而应根据错账的具体情况，按规定的方法进行更正。

二、错账更正方法

发现记账错误，应根据错误性质采用不同的更正方法进行更正。错账更正的方法一般有下列三种：

1. 划线更正法

划线更正法是指在错误的数字或文字上划红线来进行更正记录错误的一种方法。划线更正法主要适用于结账前，记账凭证无误而账簿记录发生了文字笔误和数字计算错误的情况。如过账时，记账凭证上为 1 000，而在账户中误记成了 10 000；在计算账户余额时，余额应为 17 400，因误算而在余额栏填写成了 26 400 等。对这类错误需采用划线更正法进行更正。

具体做法是：在错误的文字或全部数字正中划一道红线表示注销，然后在错误数字或文字上方写上正确的数字或文字，并由经办人员在更正处加盖印章，以示负责。划线时必须保持划去的数字或文字清晰可辨，不能涂抹；对于错误的数字应当把一笔数字全部划红线更正，不得只更正其中的错误数码字。对于文字错误，可只划去错误的部分。

2. 红字冲消法

红字冲消法，也称红字更正法、赤字冲消法，是指在有错误的账户中通过使用红字来冲销原错误数据的一种方法。红字冲消法主要适用于下面两种情况：

1）记账后发现记账凭证中应借、应贷的会计科目发生错误时，可采用“红字冲消法”进行更正。

具体做法是：先用红字金额填写一张与原错误凭证内容完全相同的记账凭证，在摘要栏注明“冲销×月×日×字×号凭证错误”，用红字金额记入有关账户，表示已冲销原错误的记录。然后再用蓝字填制一张正确的记账凭证，在摘要栏注明“更正×月×日×字×号凭证错误”，并记入有关账户。

【例 7-1】2007 年 12 月 21 日，新华工厂以银行存款 2 000 元支付销售产品

的广告费。在填制记账凭证时，误作如下会计分录，并已登记入账：

借：管理费用　　2 000

　　贷：银行存款　　2 000

更正上述错误时，首先用红字金额填写一张记账凭证，摘要栏注明“冲销 12 月 21 日银字 18 号凭证错误”，并据以登记入账。

借：管理费用　　2 000

　　贷：银行存款　　2 000

再用蓝字填制一张正确的记账凭证，摘要栏注明“更正 12 月 21 日银字 18 号凭证错误”，并登记入账。

借：销售费用　　2 000

　　贷：银行存款　　2 000

上述分录记账后，“银行存款”、“管理费用”和“销售费用”账户的记录如图 7-9 所示。

借　银行存款	贷	借　管理费用	贷	借　销售费用	贷
	2 000	2 000		2 000	
	2 000		2 000		
	2000				

图 7-9　红字冲销法 1

2）记账后发现记账凭证中应借、应贷的会计科目并无错误，只是所填金额大于应填金额，也可采用“红字冲销法”进行更正。

具体做法是：更正时，按多填金额用红字填制一张与原凭证科目相同的记账凭证，并登记入账，据以冲销原多记金额。

【例 7-2】2007 年 12 月 24 日，新华工厂用银行存款偿还前欠红星厂货款 35 100 元，填制银付 15 号记账凭证时，误作如下会计分录，并已登记入账：

借：应付账款—红星工厂　　351 000

　　贷：银行存款　　351 000

更正上述错误时，将多记金额用红字填制一张会计分录的记账凭证，在“摘要”栏注明“冲销 12 月 24 日银付字 15 号凭证多记金额”，并据以登记入账。

借：应付账款—红星工厂　　315 900

　　贷：银行存款　　315 900

上述分录记账后，"银行存款"和"应付账款"账户的记录如图 7-10 所示。

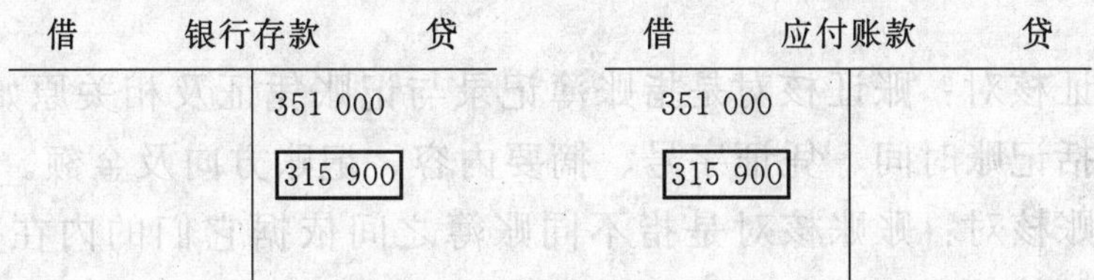

图 7-10　红字冲销法 2

3. 补充登记法

补充登记法是指对已记金额小于应记金额的账户记录可通过补充登记数据来更正错误的一种更正方法。补充登记法适用于记账后记账凭证应借、应贷的会计科目正确，只是已记金额小于应记金额的情况。

具体做法是：按照少记金额填制一张会计科目与原始凭证相同的记账凭证，在"摘要"栏注明"补记×月×日×字×号凭证少记金额"，并据以登记入账。

【例 7-3】2007 年 12 月 10 日，新华工厂以银行存款还前欠本市红星工厂的材料款 35 000 元。填制银付 10 号记账凭证时，误作如下会计分录，并已登记入账：

借：应付账款—红星工厂　　3 500

　　贷：银行存款　　3 500

更正上述错误时，按少记金额填制一张如下会计分录的记账凭证，在摘要栏注明"补记 12 月 10 日银付 10 号凭证少记金额"，并登记入账：

借：应付账款—红星工厂　　31 500

　　贷：银行存款　　31 500

上述分录记账后，"银行存款"和"应付账款"账户的记录如图 7-11 所示。

借	银行存款	贷
		3 500
		31 500

借	应付账款	贷
3 500		
31 500		

图 7-11　补充登记法

三、对账和结账

1. 对账

为了保证账簿记录和会计报表的数字真实可靠，应当建立定期的对账制

度，将各种账簿记录核对清楚，做到账证、账账和账实相符。对账的主要内容包括：

（1）账证核对：账证核对是指账簿记录与记账凭证及相关原始凭证核对，核对内容包括记账时间、凭证字号、摘要内容、记账方向及金额。

（2）账账核对：账账核对是指不同账簿之间依据它们的内在关系，核对其金额是否相符。主要包括：所有总账借方发生额的合计数与贷方发生额的合计数是否相符；有关总账余额与其所属明细分类账余额之和是否相符；现金日记账余额与现金总账余额是否相符；银行存款日记账余额与银行存款总账余额是否相符；会计部门有关财产物资明细账余额与财产物资保管、使用部门的有关明细账余额是否相符。

（3）账实核对：账实核对是指各项财产物资账面余额与实有数额之间的核对。主要包括：现金日记账余额与企业实际库存现金余额是否一致；银行存款日记账余额与银行对账单金额是否一致；各种财产物资明细账与其使用保管部门的财产、物资的实有数是否一致；有关的债权债务明细账余额是否与对方单位记录的金额一致。

2. 结账

为了总结某一时期（月份、季度和年度）的经济活动情况，必须定期进行结账。结账，就是在把一定时期内所发生的经济业务全部登记入账的基础上，将各种账簿记录计算出本期发生额和期末余额，以便根据账簿记录编制会计报表。

结账前，首先要查明本期内所发生的各项经济业务是否已全部登记入账，本期需要调整的账项是否按规定全部结转有关账簿，收入、费用等损益类账户余额是否转入“本年利润”账户。

结账时，要在总分类账和明细分类账中作出结账记录。在实际工作中，一般采用划线的办法进行结账。本月内未发生经济业务的账户不进行月结。

对不需要加计本期发生额的账户，在月结、季结和年结时，只需计算期末余额，将期末余额记入本期最末一笔经济业务的余额栏里，并在月结、季结数字下划通栏单红线，在年结数字下划通栏双红线，所划红线应从账簿的借方栏左端划至余额栏右端。

对需要加计本期发生额的账户，其结账方法为：月结时加计本月借方、贷方发生额合计数，写在最末一笔经济业务的下一行有关栏内，在摘要栏注明“本月合计”字样，并在月结记录下端划通栏单红线；季结时，加计本季借方、贷方发生额合计数，写在月结记录下一行有关栏内，在摘要栏内注明“本季合计”字样，并在季结记录下端划通栏单红线；年结时，加计本年借方、贷方发生额合计数，写在季结记录下一行有关栏内，在摘要栏内注明“本年合计”字样，并在年结记录下端划通栏双红线。

年度终了，更换新账时，需要将旧账余额转至新账。在实际工作中，结转账户余额可以按如下方法处理：将本账户年末余额，以相反的方向记入本年合计下一行的发生额内。例如，某账户年末为借方余额，在结转时，将此项余额填列在贷方发生额栏内（余额如为贷方，则作相反记录），在摘要栏填明“结转下年”字样，在“借或贷”栏内填“平”字并在余额栏的“元”位上填列“0”，表示余额结转下年后，该账目已经结平。具体结账格式如图 7-1 和图 7-2 所示。

本章小结

记账和算账是会计人员的主要工作之一，出纳员一般负责现金日记账和银行存款日记账的登记，总账人员负责总分类账的登记，明细账根据企业业务量的多少可分别安排一人或多人登记，记账人员必须按记账规则的要求，认真进行记账，做到准确细心、一丝不苟，以保证账面整洁美观。如记账中出现错误，必须严格按照会计制度规定的更正错账方法进行更正，各种账簿应做到日清月结，有关账簿记录应及时核对相符，如现金日记账与现金总账、银行存款日记账与银行存款总账，有关总分类账与所属明细账之间都要核对，如发现不符，应及时查明原因并按要求更正。

案例分析

李艳刚担任出纳工作，没有严格按照规定操作，月末进行核对时，发现库存现金和现金日记账余额不符。

思考：如何才能避免上述问题的出现？

课外活动建议 利用课间时间，到本校财务部门学习账簿的设置与登记。

知识拓展	李占国. 总分类账的设置和登记. 上海：ettp：//jpk. sd-ju. edu. cn/jckjx

第八章　会 计 报 表

◎ 知识目标

1. 了解会计报表的编制原因和主要内容。
2. 掌握资产负债表的编制方法。
3. 掌握利润表的编制方法。

◎ 能力目标

1. 能解读资产负债表和利润表。
2. 会编制会计报表。

◎ 情感目标

会计报表是企业经营状况的晴雨表，其信息的真假对报表使用者至关重要。提供客观真实的会计信息是对会计工作者的基本要求，诚信为首、操守为重，职业情操高于一切。

1. 资料准备：会计账簿若干本，会计报表一套。
2. 分组安排：7～8 人为一小组（科室），实行组长（科长）负责制。
3. 课时安排：6 学时。

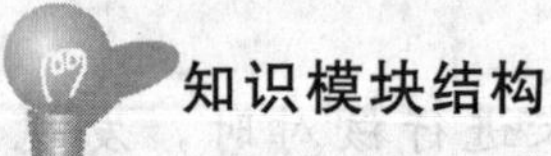

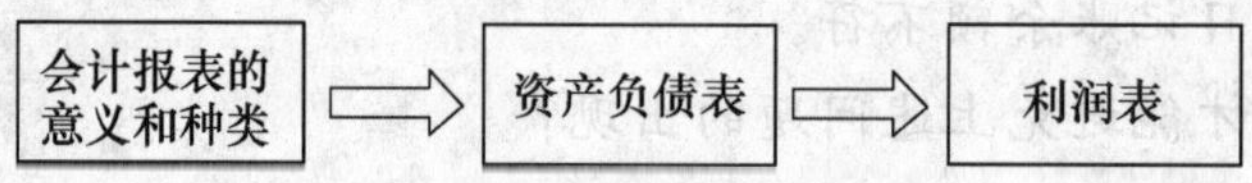

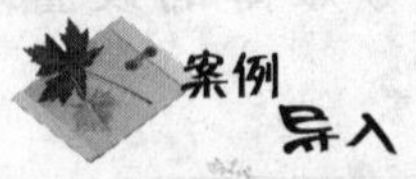

甲、乙、丙、丁 4 位合伙人收购了一家亏损企业，经过一年的苦心经营，实现利润 20 000 元。但是，报表中的一些数字使他们发现了公司存在的问题和隐存的风险。摘录该企业报表中的某些数字：银行存款 200 000 元，应收账款 500 000 元，银行借款 300 000 元，管理费用 30 000 元，利润 20 000 元等。

想一想：这些数字说明了什么问题？还有哪些人员会关注这些数字？会

计报表是如何编制的?

第一节 会计报表的意义和种类

一、为什么要编制会计报表

通过一系列的会计核算方法，企业所发生的各项经济业务以及由此引起的资产、负债和所有者权益的增减变化，均已分类、系统、全面地登记在有关的账簿中。但这些资料仍然是分散的，不能集中、总括地反映企业的财务状况和经营成果。因此，必须定期将这些日常会计核算资料进行分类、整理、汇总，按照一定的格式编制会计报表，以综合反映企业的经营活动和成果，为企业相关方进行管理和决策提供依据。

企业的相关方主要包括企业管理者、投资者、债权人以及财政、税务等企业相关人员，他们是会计报表的使用者，他们需要全面了解企业的经营业绩、财务状况及其变动情况，只是对会计信息需求的侧重点不同，如图 8-1 所示。

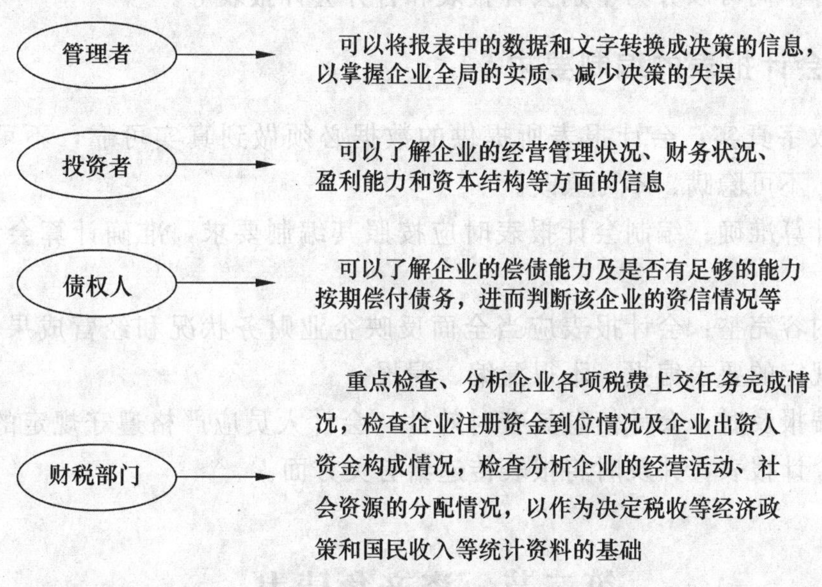

图 8-1 报表使用者关注的内容

综上所述，会计人员根据企业日常会计核算资料，按照国家统一要求的格式和方法进行归类整理，编制的用以反映企业一定时期财务状况、经营成果和现金流量的书面文件，就是会计报表。会计报表是企业财务会计报告的重要组成部分。

二、会计报表的分类

1. 按照所反映的经济内容不同分类

（1）财务状况报表：财务状况报表是指总括反映企业在某一特定日期或一定时期企业财务状况的报表，主要包括资产负债表和现金流量表。

（2）经营成果报表：经营成果报表是指总括反映企业在一定时期内利润形成与分配情况的会计报表，主要包括利润表和利润分配表。

2. 按照编制时间不同分类

（1）年度会计报表：年度会计报表是指企业每年末编制的会计报表，主要包括资产负债表、利润表和现金流量表。

（2）中期会计报表：中期会计报表是指企业在会计年度中期编制的会计报表。中期是指短于一个完整的会计年度的报告期间，分为半年度、季度和月度会计报表，主要包括资产负债表和利润表。

另外，会计报表按照报送的对象不同分类，可以分为外部报表和内部报表；按照编制单位不同可以分为单位会计报表和汇总会计报表；按照所反映的数字内容不同可以分为个别会计报表和合并会计报表等。

三、会计报表的编制要求

（1）数字真实：会计报表所提供的数据必须做到真实可靠，不可估算、不可删改、不可隐瞒、不可篡改。

（2）计算准确：编制会计报表时应按照其编制要求，准确计算会计报表各项目。

（3）内容完整：会计报表应当全面反映企业财务状况和经营成果，必须按照国家规定的要求编报，不得漏编、漏报。

（4）编报及时：会计信息具有时效性，会计人员应严格遵守规定的期限，及时编制会计报表，并及时将报表传递给有关方面。

第二节　资产负债表

一、资产负债表的意义

资产负债表是反映企业某一特定日期资产、负债、所有者权益的情况及其相互关系的报表，它揭示了企业的财务状况，是企业对外报送的主要报表之一。

编制资产负债表对于报表使用者来说有着重要的意义，其意义如图8-2所示。

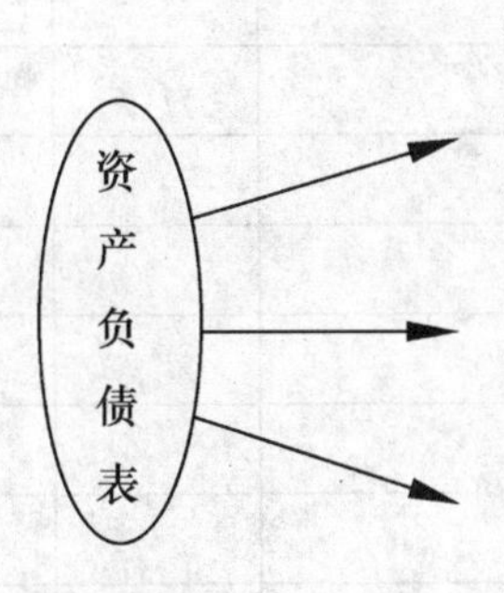

可以提供某一日期资产总额及其结构，表明企业拥有或控制的资源及其分布情况，使用者可以一目了然地从资产负债表上了解企业的某一特定日期所拥有的资产总量及其结构

可以提供某一日期的负债总额及其结构，表明企业未来需要用多少资产或劳务清偿债务以及清偿时间

可以反映所有者所拥有的权益，据以判断资本保值增值情况以及对负债的保障程度

图 8-2　资产负债表的意义

二、资产负债表的格式与结构

1. 基本格式

资产负债表正表的列报格式一般有两种：即报告式资产负债表和账户式资产负债表。

1）报告式资产负债表是上下结构，上侧列示资产，下侧列示负债和所有者权益。

2）账户式资产负债表是左右结构，左侧列示资产，右侧列示负债和所有者权益。

目前，我国根据财务列报准则的规定，资产负债表采用账户式格式，即左侧列报资产方，一般按资产的流动性大小排列；右侧列报负债方和所有者权益方，一般按要求清偿时间的先后顺序排列。

2. 结构

资产负债表由表头、基本部分和补充资料三部分组成。

1）表头部分包括报表名称、编制单位、编表时间和货币单位等内容。

2）基本部分包括资产负债表中各项目的名称、各项目的上期数和本期数等内容；该部分为资产负债表的重点。

3）补充资料部分是对某些项目的补充说明，按有关规定填列。

资产负债表（简表）的格式及其结构见表8-1。

表 8-1 资产负债表（简表）

会企 01 表

编制单位：　　　　　　　　年　　月　　日　　　　　　　　　（单位：元）

资　产	期末数	年初数	负债和所有者权益（或股东权益）	期末数	年初数
流动资产：			流动负债：		
货币资金			短期借款		
应收票据			应付票据		
应收账款			应付账款		
预付账款			预收款项		
应收利息			应付职工薪酬		
应收股利			应交税费		
其他应收款			应付利息		
存货			应付股利		
一年内到期的非流动资产			其他应付款		
其他流动资产			一年内到期的非流动负债		
流动资产合计			其他流动负债		
非流动资产：			流动负债合计：		
长期股权投资			非流动负债：		
固定资产			长期借款		
在建工程			其他非流动负债		
固定资产清理			非流动负债合计：		
无形资产			负债合计：		
长期待摊费用			所有者权益（或股东权益）：		
其他非流动资产			实收资本（或股本）		
非流动资产合计			资本公积		
			盈余公积		
			未分配利润		
			所有者权益（或股东权益）合计		
资产总计			负债和所有者权益（或股东权益）总计		

三、资产负债表的编制

1.“年初数”栏的列报

“年初数”栏内各项数字，应根据上年末资产负债表“期末数”栏内所列数字填列。如果上年度资产负债表规定的各个项目的名称和内容同本年度不一致，应对上年年末资产负债表各项目的名称和数字按照本年度的规定进行调整，填入表中“年初数”栏内。

2.“期末数”栏的列报

资产负债表“期末数”栏内各项数字，一般应根据会计账户的期末余额填列。具体填列可分为以下几种情况：

（1）根据总账账户的期末余额直接填列：“短期借款”、“应付票据”、“应付职工薪酬”、“应交税费”（如“应交税费”科目期末为借方余额，应以“—”号填列）、“应付利息”、“应付股利”、“其他应付款”、“应付债券”、“实收资本”、“资本公积”和“盈余公积”等科目，可直接根据有关总账账户的余额填列。

（2）根据几个总账账户的余额之和计算填列：“货币资金”科目根据“库存现金”、“银行存款”和“其他货币资金”账户期末余额的合计数填列。

（3）根据有关明细账户的余额之和计算填列：“应付账款”、“预付账款”、“应收账款”和“预收账款”科目，应分别根据各总分类账户所属明细账账户期末借方余额之和或贷方余额之和计算填列。

（4）根据总账账户和明细账户的余额分析计算填列：资产负债表中的某些科目是根据相关数字分析计算后填列的，如“长期借款”科目，需根据“长期借款”总账账户余额扣除“长期借款”科目所属的明细科目中将在资产负债表日起一年内到期，且企业不能自主地将清偿义务展期的长期借款后的金额计算填列。

（5）根据有关账户余额减去备抵账户余额后的净额填列：资产负债表中的某些科目是根据有关账户余额相抵后的净额填列的。例如，应收科目和“坏账准备”、“固定资产”、“累计折旧”、“在建工程”和“在建工程减值准备”等科目均是根据这些科目相抵之后填列的。

（6）综合运用上述填列方法分析填列：“存货”科目应根据“原材料”、“库存商品”、“委托加工物资”、“材料采购”、“在途物资”、“周转材料”、“发出商品”和“材料成本差异”等总账科目期末余额的分析汇总数，再减去“存货跌价准备”科目余额后的金额填列。

“未分配利润”应根据“本年利润”和“利润分配”科目的余额计算

填列。未弥补的亏损在本科目内以“－”号填列。

编制资产负债表时，应注意以下科目的对应关系：

1）资产总计＝流动资产合计＋非流动资产合计

流动资产合计为各流动资产项目之和，非流动资产合计为各非流动资产项目之和。

2）负债合计＝流动负债合计＋非流动负债合计

流动负债合计为各流动负债项目之和，非流动负债合计为各非流动项目之和。

3）负债和所有者权益（或股东权益）总计＝负债合计＋所有者权益（或股东权益）合计

4）资产总计＝负债和所有者权益（或股东权益）总计

资产各项目的合计等于负债和所有者权益各项目的合计。

四、资产负债表编制实例

北京星光有限公司 2007 年 12 月 31 日全部总账和有关明细账余额见表 8-2。

表 8-2　总账和有关明细账余额表

编制单位：北京星光有限公司　　　　2007 年 12 月 31 日　　　　（单位：元）

总　账	明细账户	借方余额	贷方余额	总　账	明细账户	借方余额	贷方余额
库存现金		20 000		短期借款			200 000
银行存款		300 000		应付账款			200 000
应收账款	A 企业	500 000			F 企业		300 000
	B 企业		40 000		H 企业	100 000	
预付账款	D 企业	100 000		预收账款			20 000
	E 企业		6 000		U 企业		80 000
其他应收款		160 000			V 企业	60 000	
原材料		540 000		其他应付款			180 000
生产成本		160 000		应付职工薪酬			694 000
库存商品		400 000					
其他流动资产		320 000		应交税费			200 000
长期股权投资		4 540 000		应付股利			400 000
固定资产		14 000 000		其他流动负债			60 000
累计折旧			1 200 000				
无形资产		1 630 730		长期借款			3 280 000
长期待摊费用		80 000		实收资本			5 600 000
				盈余公积			1 480 585
				利润分配	未分配利润		9 190 145

根据表 8-2 的资料，该公司 2007 年 12 月 31 日资产负债表中某些项目的编制说明如下：

1）货币资金＝20 000 元（库存现金）＋300 000 元（银行存款）＝320 000 元

存货＝540 000 元（原材料）＋160 000 元（生产成本）＋400 000 元（库存商品）＝1 100 000 元

2）应收款项＝500 000 元（应收账款借方）＋60 000 元（预收账款借方）＝560 000 元

预付款项＝100 000 元（预付账款借方）＋100 000 元（应付账款借方）＝200 000 元

应付款项＝300 000 元（应付账款贷方）＋6 000 元（预付账款贷方）＝306 000 元

预收款项＝80 000 元（预收账款贷方）＋40 000 元（应收账款贷方）＝120 000 元

流动资产合计＝320 000 元（货币资金）＋560 000 元（应收款项）＋200 000 元（预付款项）＋160 000 元（其他应收款）＋1 100 000 元（存货）＋320 000 元（其他流动资产）＝2 660 000 元

流动负债合计＝200 000 元（短期借款）＋306 000 元（应付账款）＋120 000 元（预收款项）＋694 000 元（应付职工薪酬）＋200 000 元（应交税费）＋400 000 元（应付股利）＋180 000 元（其他应付款）＋60 000 元（其他流动负债）＝2 160 000 元

3）固定资产＝14 000 000 元（固定资产）－1 200 000 元（累计折旧）＝12 800 000 元

其他项目填列（略）。

根据北京星光有限公司 2007 年 12 月 31 日账户余额表，分析编制的资产负债表见表 8-3。

表 8-3 资产负债表

会企 01

编制单位：北京星光有限公司　　2007 年 12 月 31 日　　（单位：元）

资　产	期末数	年初数	负债和所有者权益（或股东权益）	期末数	年初数
流动资产：			流动负债：		
货币资金	320 000		短期借款	200 000	
应收票据			应付票据		
应收账款	560 000		应付账款	306 000	

（续）

资　产	期末数	年初数	负债和所有者权益（或股东权益）	期末数	年初数
预付款项	200 000		预收款项	120 000	
应收利息			应付职工薪酬	694 000	
应收股利			应交税费	200 000	
其他应收款	160 000		应付股利	400 000	
存货	1 100 000		其他应付款	180 000	
其他流动资产	320 000		其他流动负债	60 000	
流动资产合计	2 660 000		流动负债合计	2 160 000	
非流动资产：			非流动负债：		
长期应收款			长期借款	3 280 000	
长期股权投资	4 540 000		应付债券		
投资性房地产			其他非流动负债		
固定资产	12 800 000		非流动负债合计	1 280 000	
在建工程			负债合计	5 440 000	
固定资产清理			所有者权益（或股东权益）：		
无形资产	1 630 730		实收资本（或股本）	5 600 000	
长期待摊费用	80 000		资本公积		
其他非流动资产			盈余公积	1 480 585	
非流动资产合计	19 050 730		未分配利润	9 190 145	
			所有者权益（或股东权益）合计	16 270 730	
资产总计	21 710 730		负债和所有者权益（或股东权益）总计	21 710 730	

从表 8-3 可以看出，该企业的流动资产为 2 660 000 元，流动负债为 2 160 000 元，说明企业短期偿债能力较强。企业资产总额为 21 710 730 元，负债总额为 5 440 000 元，负债占资产的比率为 25%(21 710 730 元÷5 440 000 元)，所有者权益占资产的比率为 75%，表明了企业资产的构成比例，虽然偿债能力较强，但经营较为保守，魄力不够。

第三节 利润表

一、利润表的意义

利润表又称损益表、收益表，是反映企业在一定期间（月度、年度）实现的经营成果的报表。利润表必须按月编制，对外报送。年度终了，企业应编报年度利润表。

利润表是财务会计报告中的主要报表，它表明企业某一期间经营的成果是盈利还是亏损。由于利润表反映的是某一期间的经营情况，因此，它是反映企业财务成果的动态报表，反映了企业在一定期间内实现的净利润、利润总额及利润构成的情况。其作用如图 8-3 所示。

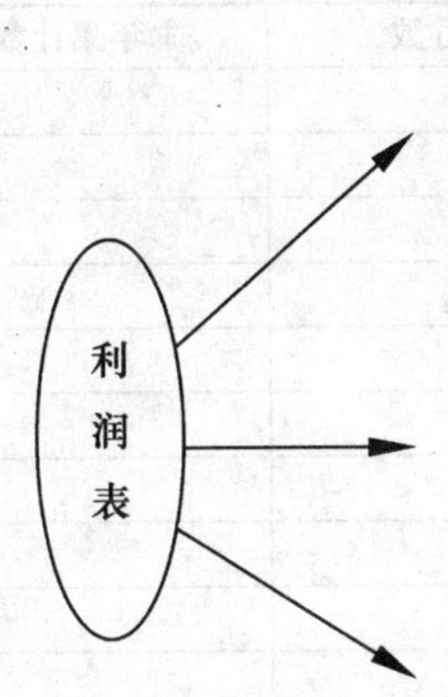

有助于评价企业的获利能力。判断一个企业是否具有持久的盈利能力，主要看主营业务利润或营业利润。对一个企业的价值进行计量时，企业的获利能力通常是评价其价值的一个重要因素。例如，某企业是上市公司，该企业本身的市值与其获利能力是有联系的，获利能力越强，其市值增长越快

可以考核企业生产经营成果的好坏。通过利润表提供的不同时期的比较数字，可以考核企业的经营成果以及利润计划的执行情况，分析企业利润增减变化的原因

借助利润表可以预测企业未来盈利变化的趋势

图 8-3　利润表的作用

二、利润表的格式与结构

1. 利润表的格式

利润表是净利润计算公式的表格化，而利润表的具体结构形式，目前通行的主要有单步式和多步式两种。

单步式利润表是指通过全部收入和全部费用相对比，一次计算求得利润的表达式。这种格式比较简单，便于编制，但不便于分析企业利润的构成情况，其结构如图 8-4 所示。

主营业务收入
其他业务收入
……

收入合计

主营业务成本
其他业务成本
……

费用合计

利润或亏损

图 8-4 单步式利润表结构

多步式利润表是指按企业利润形成的主要环节，依次分步计算，最终得出利润的表达式。其优点是能全面反映企业利润及其构成项目的形成情况，便于不同企业之间进行比较，更重要的是，有助于正确评估企业管理业绩和预测未来收益及盈利能力。我国一般采用的是多步式利润表，其格式见表 8-4 所示。

表 8-4 利润表

编制单位： 200× 年 月 （单位：元）

项 目	行 次	本月数	本年累计数
一、营业收入	1		
减：营业成本	2		
营业税金及附加	3		
销售费用	6		
管理费用	7		
财务费用	8		
资产减值损失	9		
加：投资收益	10		
二、营业利润	13		
加：营业外收入	14		
减：营业外支出	15		
三、利润总额	16		
减：所得税费用	17		
四、净利润	20		

2. 利润表的结构

利润表由表头部分和基本部分组成。

1） 表头部分包括报表名称、编制单位、编表时间和货币单位等内容。

2） 基本部分包括利润表中各项目的名称、各项目的本月数和本年累计数等内容。

利润表的构成内容与企业利润构成的因素密切相关。我国现行利润表的基本内容包括：营业收入、营业利润、利润总额和净利润几个部分。

三、利润表的编制

利润表中的各项目均需填列“本月数”和“本年累计数”两栏。具体填列方法是：

1.“本月数”的列报

“本月数”栏反映各项目的本月实际发生数。

1）在编报中期报表时，填列上年同期累计实际发生数。

2）在编报年度报表时，填列上年全年累计实际发生数，并将“本月数”栏改成“上年数”栏。

3）如果上年度利润表的科目名称和内容与本年度利润表不相一致，应对上年度报表科目的名称和数字按本年度的规定进行调整，并按调整后的数字填入报表的“上年数”栏。

2.“本年累计数”的列报

“本年累计数”栏，反映各科目自年初起至编报期止的累计实际数，利润表的各科目是根据有关账户本期发生额填列的。

报表中各项目具体的填列方法如下：

1）“营业收入”科目，反映企业经营主要业务取得的收入总额。本科目应根据“主营业务收入”和“其他业务收入”账户发生额分析填列。

2）“营业成本”科目，反映企业经营主要业务发生的实际成本。本科目应根据“主营业务成本”和“其他业务成本”账户发生额分析填列。

3）“营业税金及附加”，反映企业经营主营业务应负担的营业税、城市维护建设税、资源税和教育费附加等。本科目应根据“营业税金及附加”账户发生额分析填列。

4）“销售费用”科目反映企业在销售商品和提供劳务等经营过程中发生的各项销售费用。本科目应根据“销售费用”账户发生额分析填列。

5）“管理费用”科目，反映企业发生的管理费用。本科目应根据“管理费用”账户发生额分析填列。

6）“财务费用”科目，反映企业发生的财务费用。本科目应根据“财务费用”账户发生额分析填列。

7）“资产减值损失”科目，反映企业各项资产减值准备所形成的损失。本科目应根据“资产减值损失”账户发生额分析填列。

8）“投资收益”科目，反映企业以各种方式对外投资所取得的收益，其中包括分得的投资利润、债券投资的利息收入、认购股票应得的股利以及收回投资时发生的收益等。本科目应根据“投资收益”账户发生额分析填列，若为投资损失应以“—”号填列。

9）“营业外收入”和“营业外支出”科目，反映企业发生的生产经营以外的各项收入和支出。这两个科目分别根据“营业外收入”和“营业外支出”账户发生额分析填列。

10）“利润总额”科目，反映企业实现的利润，若为亏损应以“—”号填列。

11）“所得税费用”科目，反映企业按规定从当期利润中扣除的所得税额。本科目应根据“所得税费用”账户发生额分析填列。

12）“净利润”科目，反映企业交纳所得税后的净利润，若为净亏损应以“—”号填列。

四、利润表编制实例

2007 年 12 月，华威酒店损益类账户的余额见表 8-5、表 8-6。

表 8-5 收入、费用有关资料表

（单位：元）

科目名称	借方发生额	贷方发生额
主营业务收入		195 000
主营业务成本	85 000	
主营业务税金及附加	23 000	
管理费用	6 000	
销售费用	24 000	
财务费用	12 500	
投资收益		15 500
营业外收入		50 000
营业外支出	19 000	
所得税费用	25 480	

表 8-6 利润表

编制单位：华威酒店　　2007 年 12 月　　（单位：元）

项　目	行次	上年数	本年累计数
一、营业收入	1	（略）	195 000
减：营业成本	2		85 000
营业税金及附加	3		23 000
销售费用	6		24 000

（续）

项　目	行 次	上年数	本年累计数
管理费用	7		6 000
财务费用	8		12 500
加：投资收益	9		15 500
二、营业利润	10		60 000
加：营业外收入	13		50 000
减：营业外支出	14		19 000
	15		
三、利润总额	16		91 000
减：所得税费用	17		25 480
四、净利润	20		65 520

从表 8-6 可以看出，华威酒店 12 月的主营业务收入为 195 000 元，减去营业成本、营业税金及附加、管理费用、销售费用、财务费用后，仍有盈余 44 500 元，说明该企业盈利能力较强。

本章小结

会计报表是综合反映企业一定时期财务状况和经营成果的书面文件，是会计核算的最后结果，也是会计核算工作的总结。投资者、债权人、政府及其他机构都需要运用会计报表提供的信息，以作出是否投资、借贷等活动的判断。因此，要求会计人员必须准确、及时、真实、完整地编制会计报表。

会计报表主要有资产负债表和利润表。资产负债表可以反映企业的财务状况，而利润表可以反映企业的盈利能力，资产负债表采用账户式，利润表采用多步式，作为企业财务人员一定要掌握会计报表的编制方法，正确地编制会计报表。作为报表的使用者，应该能够阅读会计报表、解读会计报表。

案例分析

风华公司账户“应收账款—A 公司”期末借方余额 180 000 元，“应收账款—B 公司”期末贷方余额 120 000 元，结出期末“应收账款”总账余额为借方 60 000 元；“应付账款—C 公司”期末贷方余额 210 000 元，“应付账款—D 公司”期末借方余额 70 000 元，结出期末“应付账款”总账余额

140 000 元。期末，会计在编制资产负债表时直接将“应收账款”账户和“应付账款”账户的期末余额填入了资产负债表的期末数栏。

思考：请分析会计的这种做法是否正确？为什么？这样填制有可能带来什么后果？

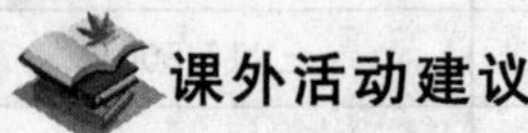

课外活动建议

1）上网搜集一些上市公司的财务报告，深刻理解会计报表各项目的含义及编制要求。

2）搜集与本专业相关的公司业务，编制 1～2 份该公司的会计报表，同时进行简单的分析，将建议提供给企业负责人。

知识拓展

财政部会计司．企业会计准则讲解［M］．北京：人民出版社，2006.

附录　会计基础理论

一、会计核算的基本前提

在市场经济条件下，企业要进行生产经营活动，必然会发生各种经济业务。各种经济业务之间存在着一定的联系，再加之社会经济关系的错综复杂，使得会计核算面临着变化不定的社会经济环境。为了保证会计工作的正常进行和会计信息的质量，需要对会计核算的范围、内容、基本程序和方法作出限定，即会计算的基本前提，又称会计假设。

我国《企业会计准则》规定，应以会计主体、持续经营、会计分期和货币计量作为会计核算的基本前提。

1. 会计主体

会计主体是指会计为之服务的特定对象或单位。会计主体假设解决了为谁记账的问题，它明确了会计工作的空间范围。

会计主体确定之后，会计人员只能站在特定会计主体的立场，核算特定主体的经济活动，严格排除与企业生产无关的而属于其他单位或所有者本人的收支活动。典型的会计主体是经营性企业。

需要注意的是，会计主体与法律主体是有区别的。一般来讲，法律主体是会计主体，但会计主体不一定都是法律主体，如独资企业、合伙企业、集团公司、企业的分厂或独立核算的车间，一般不具有法人资格，不是法律主体，却是会计主体。

2. 持续经营

持续经营是指会计核算应以持续、正常的生产经营活动为前提，而不考虑企业是否将破产清算。它明确了会计工作的时间范围。

企业进行生产经营活动，最终会因主观原因或客观原因而停止经营。但是，在经营之初，企业希望自己的生产经营活动能够永远进行下去，在可以预见的将来不会倒闭。也只有在持续经营的前提下，企业才能够正常组织经营活动，如采购材料、生产产品和对外投资等，现有的资产才能按原定用途使用，债权债务才能按照承诺的条件得到合理清偿，才能正确计算收益，以保持财务成果的真实合理。

3. 会计分期

在持续经营的前提下，企业的经营期间是无穷无尽的。为了核算企业的

经营活动，就必须进行会计分期。会计分期是指把企业持续不断的生产经营过程，人为地划分为较短的、若干个首尾相接的、等间距的时间单位。它是会计工作时间范围的具体划分，是持续经营假设的必要补充。没有会计分期的假设，就无法计算当年的经营成果。

《企业会计制度》规定：会计期间分为年度、半年度和季度。会计年度自公历 1 月 1 日起至 12 月 31 日止，与财政年度一致。

需要注意的是，会计期间只是假设企业每到一个时期停下来，等核算完毕，再开始新的经营，其实企业的生产经营并未真正停下来。这就如同马拉松赛跑一样，在某一个时间段领先的人，到达终点时未必一定是冠军。为了向会计信息使用者及时提供企业有关的信息，必须定期反映财务状况，核算经营成果。

4. 货币计量

货币计量是指会计核算以货币作为主要计量单位，记录和反映企业的生产经营过程和经营成果。

货币计量有两层含义：①会计核算以货币为主要的计量尺度。在以货币为主要计量单位的同时，也可以实物量度（吨、公里、尺）和劳动量度（小时、天）作为补充。②假设币值稳定。因为只有在币值稳定的前提下，才能进行不同时点的会计信息比较。我国《会计法》规定，会计核算以人民币为记账本位币。

可以看出，会计假设是常规会计程序和方法的前提。会计人员分期编制的财务报表所提供的信息，是在会计假设前提下核算的结果，报表的使用人在假设限定的基础上理解和使用会计信息，才不至于发生误解。2006 年新发布的《企业会计准则》，明确了企业应当以权责发生制为基础进行会计确认、计量和报告，将权责发生制作为一项假定前提。在权责发生制下，收入和费用是按照是否实现进行确认的，而不是以款项是否收到或付出来确定的。因此，当涉及到成本、费用与收入的配比和收入的实现等问题时，应以权责发生制为前提。

二、会计信息质量要求

会计信息质量要求是指报表使用人对企业所提供的会计信息在质量方面应达到的要求。《企业会计准则——基本准则》对会计信息质量要求做了如下规定。

1. 真实可靠性

企业应当以实际发生的交易或者事项为依据进行会计确认、计量和报告，如实反映符合确认和计量要求的各项会计要素及其他相关信息，保证会计信息的真实可靠、内容完整。

2. 相关性

企业提供的会计信息应当与财务会计报告使用者的经营决策需要相关，有助于财务会计报告使用者对企业过去、现在或者未来的情况作出评价或者预测。

3. 清晰明了性

企业提供的会计信息应当清晰明了，以便于财务会计报告使用者理解和使用。

4. 可比性

企业提供的会计信息应当具有可比性。

1）同一企业不同时期发生的相同或者相似的交易或者事项，应当采用一致的会计政策，不得随意变更。确需变更的，应当在附注中说明。

2）不同企业发生的相同或者相似的交易或者事项，应当采用规定的会计政策，以确保会计信息口径一致、相互可比。

5. 实质重于形式

企业应当按照交易或者事项的经济实质进行会计确认、计量和报告，不应仅以交易或者事项的法律形式为依据。在某些情况下，经济业务的实质与其法律形式可能脱节，会计人员应超越法律形式，按照交易或者事项的经济实质进行核算。遵循实质重于形式原则，体现了对经济实质的尊重，能够保证会计核算信息与客观经济事实相符。

6. 重要性

企业提供的会计信息应当反映与企业财务状况、经营成果和现金流量等有关的所有重要交易或者事项。

7. 谨慎性

企业对交易或者事项进行会计确认、计量和报告应当保持应有的谨慎，不应高估资产或者收益，低估负债或者费用。遵循谨慎性要求，在一定程度上可以降低管理当局对企业过于乐观的态度所可能导致的危险。

8. 及时性

及时性要求企业对已经发生的交易或者事项，应当及时进行确认，计量和报告，不得提前或者延后。

三、会计工作的组织

（一）会计工作组织的意义

会计工作是一项细致而复杂的工作，各个部门、各种程序、各项手续以及各项数字之间必须密切联系。因此，科学地组织会计工作对于企业来说至关重要。

1. 有利于保证会计工作的质量，提高会计工作的效率

会计工作的任何一个环节出现差错，都必然造成整个核算结果的不正确或不及时，进而影响整个会计核算工作的质量和效率。会计工作必须科学地设置会计机构并配备高素质的会计人员，认真执行会计法规和会计制度，只有如此，才能保证会计工作正常、高效地运行，进而完成会计工作的任务。

2. 有利于加强同其他经济管理工作的协调一致，提高企业的整体管理水平

会计工作是企业整个经济管理工作的重要组成部分。科学而完善地组织会计工作，要求会计机构和会计人员通过合理的手续制度和处理程序，有机地联系和沟通生产经营的各个环节，确保会计工作与其他经济管理工作协调一致，从而促进其他经济管理工作的顺利进行。

3. 可以加强单位内部的经济责任制

经济管理的一个重要手段就是实行单位内部经济责任制。加强经济核算，就需要有一个与之相适应的会计机构和会计人员，建立、健全会计的规章制度，并根据实际情况和实际需要来组织会计工作，从而发挥会计工作应有的作用。

（二）会计工作组织的内容

1. 设置会计机构，配备会计人员

各单位应当根据会计业务的需要，设置会计机构，或者在有关机构中设置会计人员并指定会计主管人员；不具备设置条件的，应当委托经批准设立从事会计代理记账业务的中介机构代理记账。

配备会计人员是指根据本单位会计业务的需要设置并健全会计工作岗位，对会计工作进行合理分工。配备会计人员时应做到：

1）建立岗位责任制。会计岗位责任制是指在会计机构内部，按照会计工作的需要，确定会计工作岗位，明确岗位职责和权限，建立岗位责任制度和稽核制度，以利于防止或发现工作中的错弊现象。

2）符合内部牵制制度的要求。每一项会计工作要定人定岗、专人负责。实际工作中可一人一岗、一人多岗、一岗多人。但是出纳不能监管稽核、收支、债权、债务账目和会计档案的保管工作。

3）会计人员要定期进行轮岗。

2. 设计会计制度，选定账务处理程序

会计制度是指导会计工作的具体方针，是保证会计工作按正常秩序进行的具体规章制度。设计会计制度要以《会计法》为依据，体现《企业会计准则》的要求，并结合各行业、部门的特点而制定，要符合《会计基础工作规

范》等会计行政法规及国家统一会计制度的规定。

账务处理程序是作好会计工作的基本前提，一般应符合以下要求：

1）及时、准确地提供完整、系统的信息资料，以满足经营管理的需要。

2）适应本企业经营活动的特点。

3）有助于提高核算工作质量，有利于实行会计电算化。

目前，我国各经济单位通常采用的主要账务处理程序有：记账凭证账务处理程序、汇总记账凭证账务处理程序、科目汇总表账务处理程序和多栏式日记账账务处理程序。

3. 实行会计电算化

会计电算化是以电子计算机为主的当代电子和信息技术应用到会计工作中的简称，是利用电子计算机代替手工对会计信息进行加工、处理，直至对外报出会计报表以及网上申报纳税的系列过程。20 世纪 70 年代，我国开始了会计电算化的探索。财政部颁布的《会计电算化管理办法》（1994 年 6 月 30 日)、《会计核算软件基本功能规范》（1994 年 6 月 30 日)、《会计电算化工作规范》（1996 年 6 月 10 日）等使会计电算化进一步向法制化、通用化和标准化方向发展。会计电算化提高了会计核算和会计业务处理水平，使会计信息的传递快速而高效。

4. 实行会计档案保管

1）会计档案是指会计凭证、会计账簿和财务报告等会计核算专业材料，是记录和反映单位经济业务的重要史料和证据，是国家档案的重要组成部分，也是各单位的重要档案之一。各单位必须建立、健全会计档案管理制度。

2）会计档案的管理包括立卷、归档、保管、调阅与销毁。

各单位每年形成的会计档案，应由财会部门按照归档的要求，负责整理立卷或装订成册。采用会计电算化的单位，应当保存打印出的纸制会计档案。

当年形成的会计档案在会计年度终了，可暂由本单位会计部门保管一年。保管期满之后，原则上应由会计部门编制清册，移交本单位的档案部门保管；未设立档案部门的，应在会计部门内部指定专人保管。

保存的会计档案应为单位所用，原则上不得向外单位借出。如有特殊需要，须经上级主管单位批准，但不得拆散原卷，并应限期归还。

会计档案的保管期限根据其内容特点，分为永久、定期两类。年度财务会计报告及某些涉外的会计凭证、会计账簿属于永久保管，其他属于定期保管。

会计档案的定期保管期限分为 3 年、5 年、10 年、15 年和 25 年。会计档案的保管期限是从会计年度终了后的第一天算起。具体保管年限详见附表 1。

会计档案保管期满需要销毁时，由档案部门提出意见，会同财会部门共同鉴定，严格审查，编造会计档案销毁清册，上报审批。会计档案销毁清册的内容包括：起止日期、册数、档案号、名称和销毁日期等。由专人负责监销，监销人员应清点核对清册所列内容，监销后要在销毁清册上签名盖章。销毁清册永久保存。

附表 1　企业和其他组织会计档案保管期限表

序　号	档案名称	保管期限	备　注
一	会计凭证类		
1	原始凭证	15 年	
2	记账凭证	15 年	
3	汇总凭证	15 年	
二	会计账簿类		
4	总账	15 年	包括日记总账
5	明细账	15 年	
6	日记账	15 年	现金和银行存款日记账保管 25 年
7	固定资产卡片		固定资产报废清理后保管 5 年
8	辅助账簿	15 年	
三	财务报告类		包括各级主管部门汇总财务报告
9	月、季度财务报告	3 年	包括文字分析
10	年度财务报告（决算）	永久	包括文字分析
四	其他类		
11	会计移交清册	15 年	
12	会计档案保管清册	永久	
13	会计档案销毁清册	永久	
14	银行余额调节表	5 年	
15	银行对账单	5 年	

（三）会计工作组织的形式

1. 集中核算

集中核算就是把企业的主要会计核算工作都集中在厂部进行的组织形式，包括总分类核算、明细核算、会计报表的编制和有关项目的考核分析等。其他内部单位只是负责登记原始记录、填制原始凭证，为厂部会计处理提供资料。

2. 非集中核算

非集中核算是指把某些业务的的处理分散到直接从事该项业务的车间、部门进行，包括凭证的整理、有关项目的明细核算和会计报表的编制等，厂部负责对内部各单位的会计工作进行业务上的指导和监督，但总分类核算、全厂性会计报表的编制和分析仍由厂部集中进行。

（四）组织会计工作应遵循的要求

1. 既要符合国家对会计工作的统一要求，又要适应各单位生产经营的特点

组织会计工作，必须按照《会计法》贯彻执行国家的有关规定。只有依法组织会计工作，才能发挥会计的职能与作用。此外，还必须结合各单位自身的特点，制定符合本单位经营特点的具体办法和规定。

2. 既要保证核算工作的质量，又要节约人力、物力，提高工作效率

会计工作十分复杂，如果组织不好，就会造成资源浪费。因此，根据会计管理程序的规定，所有会计凭证、账薄、报告的设计，会计机构的设置以及会计人员的配置等，都应避免繁琐、力求精简。

3. 既要贯彻单位经济责任制，又要建立会计岗位责任制

科学地组织会计工作，应在保证贯彻整个企业单位经济责任制的同时，建立和完善会计岗位责任制，以实现会计处理手续和会计工作程序的规范化。

四、会计法规

会计法律制度是组织和从事会计工作必须遵循的法律规范，它是我国经济法律制度的重要组成部分。目前，我国的会计法律制度由会计法、会计行政法规和会计制度三部分构成。

（一）会计法

《中华人民共和国会计法》是由全国人民代表大会常务委员会制定、规范我国会计工作的最高层次的法律规范，是制定其他会计法规的依据，是会计工作的基本法规。1985 年 1 月 21 日，第六届全国人大常委会第九次会议通过了新中国第一部《会计法》；1993 年 12 月 29 日，第八届全国人大常委会第五次会议通过了《关于修改＜中华人民共和国会计法＞的决定》，自公布之日起施行；1999 年 10 月 31 日，由第九届全国人大常委会第十二次会议审议通过第二次修订草案，自 2000 年 7 月 1 日施行。

全文共 7 章 52 条，分别为：总则；会计核算；公司、企业会计核算的特别规定；会计监督；会计机构和会计人员；法律责任；附则。

（二）会计行政法规

会计行政法规是指调整经济生活中某些方面会计关系的法律规范。它是由国务院制定发布或国务院有关部门拟订经国务院批准发布。会计行政法规制定的依据是《会计法》。《企业会计准则》、《总会计师条例》、《会计档案管理办法》和《会计基础工作规范》等均属于会计行政法规。

《企业会计准则》是经国务院批准，由主管国家会计工作的财政部依据会

计法制定和颁布的。它是统一会计核算标准、保证会计信息质量的基本准则。

会计准则又分基本准则和具体准则两个层次。2006 年 2 月 15 日，财政部发布了 1 项基本准则和 38 项具体准则，自 2007 年 1 月 1 日起在上市公司范围内执行。这标志着我国与国际财务报告准则实质趋同的企业会计准则体系正式建立。我国企业会计准则体系由基本准则、具体准则和应用指南 3 个部分构成。

（三）会计制度

会计制度是指国家制定的各行业会计制度和行政、事业单位会计制度，以及一些大中型企业根据会计准则和行业会计制度自行制定或委托社会会计服务机构制定的会计制度。会计制度主要包括《企业会计制度》、《外商投资企业会计制度》、《金融企业会计制度》、《行政事业单位会计制度》和《小企业会计制度》等。会计制度中具体规定了会计工作的基本规则；会计凭证的填制和审核；会计科目的设置及其核算内容；账簿组织和记账方法；会计事务处理方法程序；会计报表的编制方法。当然，这样的会计制度仅在行业内和具体使用单位起作用。

参 考 文 献

[1]张玉森，陈伟清. 基础会计[M]. 北京:高等教育出版社,2005.

[2]缪启军. 会计基础与实务[M]. 上海:立信会计出版社,2007.

[3]戴德明,林钢,赵西卜. 财务会计学[M]. 北京:中国人民大学出版社,2002.

[4]刘岳兰. 基础会计[M]. 北京: 机械工业出版社,2002.

[5]单惟婷. 基础会计学[M]. 北京:中国金融出版社,2007.

[6]徐文彬. 会计原理(新编)[M]. 上海:立信会计出版社,1994.

[7]李松纪,周衍仁. 企业会计原理[M]. 北京:中国财政经济出版社,1993.

[8]白正军. 会计业务十日通[M]. 北京:企业管理出版社,2006.

[9]许群. 简单轻松学会计[M]. 北京:中国市场出版社,2006.

[10]李玉英，单旭. 新编基础会计[M]. 大连:大连理工大学出版社,2007.

[11]李雪田. 会计基础[M]. 北京:中国财政经济出版社,2002.

[12]陈国辉,迟旭升. 基础会计[M]. 大连:东北财经大学出版社,2003.

[13]李培根. 会计学基础[M]. 兰州:兰州大学出版社,1997.

[14]财政部会计司编写组. 企业会计准则讲解[M]. 北京:人民出版社,2006.

[15]于小镭. 新企业会计实务讲解[M]. 北京:机械工业出版社,2007.

[16]中华人民共和国财政部. 会计会计制度[M]. 北京:经济科学出版社,2001.

[17]樊彩霞. 会计模拟综合实验教程[M]. 北京:中国纺织出版社,2005.

[18]丁元霖. 商品流通企业会计模拟实习[M]. 上海:立信会计出版社,2007.

[19]康述尧. 基础会计[M]. 北京:中国经济出版社,2006.

[20]郭惠云. 基础会计试验教程[M]. 北京:经济科学出版社,2004.

[21]本书编委会. 2007 年新企业会计准则及相关制度实用精要指南与财务规范管理执行标准[M]. 北京:中国财会出版社,2007.

[22]徐经长,王建新,张敦力,等. 新企业会计准则操作实务[M]. 北京:中国科学文化音像出版社,2006.